I0123506

Kulturstiftung Sibirien

Родовые мелодии и танцы

коряков-нымыланов
с. Лесная, Камчатка

Эрих Кастен

составитель

Songs and Dances

Coastal Koryaks (Nymylans)
Lesnaya, Kamchatka

Erich Kasten

Editor

Verlag der Kulturstiftung Sibirien
SEC Publications

Bibliografische Informationen der Deutschen Nationalbibliothek:
Die Deutsche Nationalbibliothek verzeichnet diese Publikation in der Deutschen
Nationalbibliografie: detaillierte bibliografische Daten sind im Internet über
<http://dnb.d-nb.de> abrufbar.

Kulturstiftung Sibirien | Фонд культуры народов Сибири
SEC Siberian Ecologies and Cultures Publications

Серия: Языки и культуры народов Дальнего Востока России
отв. редактор серии: Э. Кастен

Э. Кастен (составитель / editor)
редакция: Г. Харюткина (отв. редактор), М. Дюрр
из архива Эриха Кастена и Александры Уркачан
From the archive Erich Kasten / Aleksandra Urkachan
Фотографии: Э. Кастен
Рисунок обложки: Алиса Нестеренко, 8 лет, с.Лесная

Данный сборник содержит корякские тексты с рус-
скими и английскими переводами. Цель этого издания –
сохранить местный говор, традиционные знания коряков-
нымыланов Камчатки и сделать возможным передачу их
будущим поколениям. Эта книга содержит обширную
документацию родовых мелодий и танцев береговых коряков, проживающих в селе Лесная Тигильского района
Камчатского края. Печатные тексты сборника дополнены
аудио- и видеозаписями на ДВД служат научно-практическим целям в лингвистических исследованиях заинтересованными читателями всеми народами мира. В этом помо-
гает не только перевод на английский язык текстов.

Electronic edition and film/audio materials to the texts:
www.siberian-studies.org/publications/songdancenymtig.html

ISBN: 978-3-942883-29-0

Предисловие

Предлагаемый сборник содержит материалы, раскрывающие родовые мелодии и танцы береговых коряков (нымылан) с.Лесной Тигильского района Камчатского края. Они были собраны во время этнографических экспедиций по Корякскому национальному округу в период с 2000 по 2005 годы Эрихом Кастеном (этнолог, директор Фонда культуры народов Сибири) и А.Т.Уркачан, методистом Корякского центра народного творчества. Большим достоинством собранных материалов состоит в том, что тексты записаны на корякском языке с переводом на русский и английский языки, благодаря прекрасному знанию своей культуры и корякского языка Алесандры Трифоновны Уркачан. Редакция корякских и русских текстов выполнена Г.Н. Харюткиной, старшим преподавателем кафедры родных языков, культуры и быта КМНС Камчатского института развития образования. Мы благодарим Дэвида Коестера за корректуру английского текста.

Изданная книга относится к серии учебных пособий по корякскому языку и культуре. Она в сочетании с дополнительной документацией на ДВД предназначена для сохранения живого разговорного корякского языка с его локальными особенностями, а также традиционных знаний по духовной богатству нымыланского народа.

Концепция и оформление книги из серии «Языки и культуры Дальнего Востока России» позволят молодым северянам заинтересоваться и заняться изучением родного языка и традиционного образа жизни своих предков. Данная подача такого рода материалов зарекомендовала себя на практике как полезный дидактический материал для проведения уроков и внеурочной деятельности общеобразовательных организаций. Расположение корякских и русских текстов на противоположных страницах соответствует обычному стандарту многоязычной литературы, но в меньшей степени лингвистическому соответствию подстрочных переводов. Опыт раздельного чтения на корякском языке, затем на русском с другой стороны учебных материалов, показал удобство для читателей, слабо владеющих корякским языком, так как постоянное прерывание для прочтения подстрочного перевода мешает общему восприятию изложенного. Читая русский текст на правой странице разворота и, находя соответствие отдельных слов или словосочетаний в корякском языке на той же строке противоположной левой, может также способствовать развитию интереса к родному языку.

Предлагаемая форма презентации служит в первую очередь научно-практическим целям. Английский перевод предназначен для заинтересованных читателей за пределами России. Для использования материалов в лингвистических исследованиях в интернете предлагается принятая в научном мире латинизированная транскрипция текстов.

Данная книга, как и другие издания этой серии, обеспечивает открытый доступ к записанным текстам для дальнейшего анализа и исследования относительно отдельных тем. Такие интерпретации и заключения предполагают доступ к оригинальным материалам большему количеству заинтересованных лиц в познании культур других народов. Цифровые технологии открыли новые возможности не только исследователям в данной области лингвистики, но и привлекают широкий круг читателей. В связи с этим, данная книга соответствует *широко признанной академической практике.*

Упомянутым потенциальным группам пользователей представляется возможным использование ДВД с видеозаписями, которые позднее будут доступны в интернете. С помощью «счетчика» [■] наверху страницы одновременно можно прослушать и просмотреть определенные предложения или отрывки: первая цифра означает номер строки, вторая – счетчик времени на видеозаписи. Видеозаписи с многоязычными подзаголовками в свою очередь являются учебными дидактическими материалами. Подобная подача этнографических материалов с использованием современных интерактивных средств, повысит интерес молодых людей познать духовную культуру своего народа и желание сохранить и развить наследие традиционной уникальности северян. Помимо этого, наличие ДВД с английскими подзаголовками охотно используются коренными народами Северной Америки и Северной Европы, заинтересованными в культурном обмене с коренными народами Камчатки и других регионов Российского Севера.

Необходимо отметить, что во время транскрибирования корякских текстов возникали некоторые сложности. С одной стороны, учебные пособия по корякскому языку, в настоящее время используемые на Камчатке, следуют принятому еще в советское время стандарту. С другой стороны, главная цель данного издания – это сохранение уникальных местных говоров коряков как основного элемента традиционного культурного наследия. Поэтому предлагаемая транскрипция текстов отражает в первую очередь то, как именно они говорят. Что касается перевода на русский язык, мы решили использовать более свободный литературный перевод, чтобы содержание текстов было понятен широкому читателю.

Эрих Кастен

Introduction

This book contains Koryak (Nymylan, Coastal Koryak) texts and songs with Russian and English translations. The material was collected by Erich Kasten and Aleksandra Urkachan between 2000 and 2005 in Palana and Lesnaya during fieldwork in the northern Tigil'ski district of Kamchatka. Owing to Aleksandra Urkachan's intimate knowledge of the local Koryak language and culture, and her enthusiasm, the aims for this edition were easily met. The Koryak and Russian texts were edited by Galina Khariutkina. We thank David Koester for his assistance in editing the English translation.

This book is part of a set of learning and teaching materials on Koryak language and culture. The aim of these print and online editions with supplementary DVD documentaries is to sustain the particular local speech and knowledge of various Koryak groups who live in Kamchatka, and to encourage and support the transmission of their cultural heritage to future generations.

The present collection of texts provides us with a broad documentation of songs and dances of the Nymylan (Coastal Koryak) people in the local variety of their Koryak language that is spoken in Lesnaya and in other villages on the north-west coast of Kamchatka. The recorded texts are from still-fluent speakers of this language who had the opportunity to learn it as their mother tongue within their families. However, many of them have unfortunately passed on since this productive collaboration with them took place. Therefore, together with the accompanying audio and video films on DVD—that record the body language and facial expressions of the speakers—this edition comprises authentic documentation of the unique cultural heritage of this people, and provides a perpetual resource for those who wish to draw upon it.

The design of the present and other volumes in the series *Languages and Cultures of the Russian Far East* intends to motivate in particular the young to learn more about the language and traditional knowledge of their elders and ancestors. Accordingly, these materials have proved useful as learning tools in schools and at community events. The presentation of the Koryak and Russian texts here on facing pages rather than in interlinear form, corresponds more to the common standard of polyglot literature editions than to common linguistic conventions. Experiences with earlier text editions have shown that it is more attractive to read these texts presented in this way, especially for those who have no or only limited knowledge of the Koryak language. When reading the Russian text on the right side, these readers might become interested to learn more about a particular expression in the original Koryak language. While moving occasionally to the corresponding lines on the left page, more interest can be generated for some of them in recalling not only single words of their language, but also full phrases.

Therefore, in the given form the texts fulfill the practical purposes of sustaining indigenous language and knowledge. In order to make the texts available also to readers from other parts of the world, especially to northern indigenous communities outside Russia, the book also contains English translations. Latinized transcriptions with interlinear glosses providing a preliminary linguistic analysis of the texts are under revision and will be provided on the Internet for those with more academic interests.

As with other publications of this series, this volume provides open access to narratives for further analysis and research on particular themes. Such interpretations and conclusions can be better assessed by others if the original data are easily accessed this way. The vast possibilities recently opened up by digital technologies make it imperative that such data not remain the exclusive domain of the researcher who has recorded the information, and who often could draw on it selectively to strengthen his or her point. The present text collection therefore reflects the current paradigm shift towards good academic practice, as has become the explicit political aim in many countries.

The accompanying DVD is recommended for all user groups as it contains the full audio and video files, which will later also be available on the Internet. By means of the video time count [🎥] that corresponds to the lines in the book, particular phrases or sections can be listened to and viewed where these are portrayed by older generations. This is certainly not only more informative, but also triggers additional interest among the youth, who can see and remember their grandparents and ancestors. Such visual materials, together with the spoken and translated texts, aroused particular interest during earlier presentations in other northern indigenous communities outside Kamchatka and Russia, where they encouraged useful cultural exchanges.

In conclusion, it should be noted that, regarding the adequate transcription of spoken Koryak texts, some things had to be considered in a well-thought out and balanced way. On the one hand, school books and other teaching materials that are used in Koryak classes often still refer to the Koryak standard that was chosen in Soviet times for Koryak teaching materials. On the other hand, it is the main aim of the given edition to document and sustain the unique local speech and local knowledge of Koryaks—whereas earlier strategies have often proved counterproductive in this regard. The recorded texts are therefore transcribed here as closely as possible to the way people actually speak, and not according to still prevailing school book standards. We are aware that this can sometimes cause confusion—but this has also been the case before, when students had to learn from school books a Koryak language that was different than the one spoken by older family members at home. For the Russian version we opted for a freer translation of the texts to make them more convenient to read and easier to understand.

Erich Kasten

В память об Александре (Шуре) Уркачан (1940-2014гг)

Фото: первое знакомство с Эрихом Кастеном, с. Эссо, 1999

....

To the memory of Aleksandra (Shura) Urkachan (1940-2014)

Fig.: First meeting with Erich Kasten in Esso, 1999

Родовые мелодии и танцы коряков-нымыланов с. Лесная

Songs and Dances
Coastal Koryaks (Nymylans), Lesnaya

Белоусова,
Варвара Кондратьевна

[1] «Родовая мелодия Даниила Даниловича Яганова»
В. К. Белоусова, п. Палана, 2.10.2001

◼ 1.1 ‖ 1 › 00:00 ‖ 5 › 0:19 ‖

1   Ӄулиӄул гым тыӈвоӄ г'айӈэк мэрэӈток.
    Гымнин отец в'а мургин старшее поколение.
    Ытту ӈыволат ӄолэявак
    когда ӈыволат на лошадях эв'вэвык мэӈкыт
5   на охоту или на рыбалку,
    когда наӈвоткын тинны никек
    или напойматыткыӈ или нанмыткын
    и ынык ӈыволат радоваться
    и поют ын ӄулиӄул наӈвоткын явак.

[1] «Family song of Danil Danilovich Yaganov»

V. K. Belousova, Palana, 2.10.2001

1   When I sing this song, I immediately burst into tears.
    My father and our older generation.
    They begin to sing a song,
    when they set off on horseback
5   for hunting or fishing somewhere,
    when they begin
    to catch or to kill something,
    then they become happy
    and sing a song.

---

1   Когда я мелодию пою, то слёзы надвигаются.
    Мой отец и наше старшее поколение.
    Они начинают петь мелодию,
    когда уходят на лошадях куда-нибудь
5   на охоту или на рыбалку,
    когда начинают что-нибудь делать:
    либо поймают, либо убьют,
    тут они начинают радоваться
    и мелодию петь.

[2] «Когда мы идем по ягоды»
В. К. Белоусова, п. Палана, 2.10.2001

📽 1.1 || 1 › 0:41 || 5 › 0:58 || 10 › 1:33 || 15 › 2:17

1 То когда муру мытыӈволат элюсӄивык,
   унмык мытыӈволат каплалатык.
   В'ача вен тыттэль нымичг'аӄин г'арг'ынэн итылӄивыт.
   Ынӈин когда титкын ӈывоткын мечг'аӈ ныкэк,
5 и гаӈвота ныкэӄ гаёг'а г'ывынг'у,
   гаӈвота пыче мылавык.
   Гаӄолэявалӄэ, микын ӄулиӄул явак.
   Ипа в'а дедушка,
   Даниил Даниловича,
10 у Христофора Даниловича отец.
   Когда много гаёг'ылӄы г'ывынг'у
   и гаӈвота ынки ӄолэявак.
   Атти, немг'эк гаӈвота никэк ӄун в'айи или в'а г'экъэвэ тормэтэвыӈ,
   тумгу г'айся йилӄатлӄэлат,
15 атти чайникав' ӈыволат ититык,
   атти гаӈвота ӄолэявак:
   – атти, тумгу, ӄылӄоллаток!
   Чайникав' этэллат. Гаӈвота ын эӈэӈтэк.

14

[2] «When we go for picking berries»

V. K. Belousova, Palana, 2.10.2001

1 When we go for picking berries,
  we start to joke around.
  Sometimes there is really good weather.
  When there is a sunny day,
5 and you see the berries,
  then you begin to dance as you go.
  You sing a song.
  Especially (a song) of my grandfather,
  Danil Danilovich,
10 the father of Khristofor Danilovich.
  When you see many berries,
  then you begin to sing a song.
  Then, when you wake up early in the morning,
  and your friends are still sleeping,
15 and the tea is about to boil,
  then you begin to sing your song:
  "Come on, friends, get up!"
  The tea has boiled. You begin to sing.

---

1 Когда мы идем по ягоды,
  начинаем много шутить.
  Иногда очень хорошая погода бывает.
  Когда солнечный день бывает,
5 увидев ягоды
  начинаешь пританцовывать.
  Мелодию чью-нибудь споешь.
  Особенно дедушкину,
  Даниил Даниловича,
10 Христофора Даниловича – отца.
  Когда увидишь много ягод
  и начинаешь мелодию петь.
  Потом, когда просыпаешься рано утром,
  подруги ещё спят,
15 а чай скоро закипит,
  и начинаешь мелодию петь:
  – давайте, подруги, вставайте!
  Чай вскипел. Начинаешь петь.

[2] «Когда мы идем по ягоды»
(продолжение)

🎬 1.1 ‖ 20 › 2:41 ‖ 25 › 3:23 ‖ 30 › 3:46 ‖ 35 › 4:11

И в’ыйин ат гаӈвота мылавык.
20 Атти ӈыволат ӄутык тумгу, ӈыволат илгʼитэвик.
Яӄӄа Варвара Яковлевна ӈывот полоӄак ӈывот мылавык.
Аӄан только ӄутыткын ӈывот мылавык.
Атты тумгу ӄылӄоллатыка!
Чайникав’в’э этэллаткот.
25 Атты гэплыткутэ никэк,
ӄоллаткыт, мытыӈволат вагалык и мытыӈволат чаёк.
Потом мытыплытколат чаёк
и гаӈвот эв’в’эвык гʼат нэкаӈ, гʼаӈвот элючӄивык.
Атти ӈан гэлэтэ, если гаёгʼат гʼывынгʼу.
30 Пока ганӈвот элук.
Потом ынтав’ут эллы иткэ кытэган
и гаӈвота эйӈэвык кытэга.
Ганӈвота ивик: – У-ру-ру!
Гасобирата гʼывынгʼын и гаӈвот угʼатыӄ,
35 когда тэетыӈ и в’ыйин гʼэт гаӈвот ӄоляявак.

[2] «When we go for picking berries»
(continued)

And at the same time you dance.
20 And gradually your friends get up and begin to wash themselves.
Look, Varvara Yakovlevna begins to dance in the tent.
Just gets up and begins to dance.
"Come on, friends, get up.
Tea is ready."
25 When you are finished,
they get up, we sit down and have tea.
Then we finish our tea
and you begin to go out to pick berries.
We'll come if berries have been seen.
30 And we begin to pick (berries).
Then, if there is no wind,
you begin to call for a breeze to blow.
And you speak: "U-ru-ru!"
Having picked your berries, you wait,
35 until someone arrives, and together you sing a song.

И одновременно танцуешь.
20 И постепенно встают подруги, начинают умываться.
Вот Варвара Яковлевна начинает в палатке танцевать.
Как только встанет и начинает танцевать.
– Давайте, подруги, вставайте!
Чай вскипел.
25 Когда заканчиваешь петь,
они встают. Все садимся и пьем чай.
Потом заканчиваем пить чай
и уходим туда, собирать ягоды.
Когда приходим, и увидев ягоды,
30 начинаем собирать.
Затем, если нет ветра,
то начинаем звать, чтобы подул.
И говоришь: – У-ру-ру!
Собрав ягод и начинаешь ждать,
35 когда придет, и заодно начинаешь мелодию петь.

[2] «Когда мы идем по ягоды»
(продолжение)

📽 1.1   ‖ 40 › 5:04 ‖ 45 › 6:00 ‖ 50 › 6:20 ‖

И ынӈин кытэг етыткын,
гаӈвота никэк урылгʼык ганлыплата гʼывынгʼу.
И потом гаӈвот атти опет ӈывоткын никэк,
чеймевыӄ ынавʼут гаӈвот ивик:
40 – То-ок атти тумгу гаӈвот гʼайӈэвык,
то-ок тумгу, туру атти мыныӈвола обедатык!
И опять Варвара Яковлевна ӈывот мылавык ӈаӈык.
Эвʼ гʼоптата сколько женщин пока ӈыволат мылавык.
А потом гʼэмтэйпа тынгэвʼ гэвʼвʼэвэ тэл полоӄаӈ.
45 Эвʼ гэлэтэ, гаӈвот варитык,
кто оттыӈталӄэвыт аймылӄэвыткын.
Явач лыгыммэ тэник обедатык
и гʼэвʼвʼэ лигым.
Атти ужин чеймэвик, мытыӈволат ивик:
50 – Мэвʼэ атти гаймат мыныӈвола ужинатык.
Атти кэйӈу ӈыволат экавʼ ивʼыник.
И когда кэйӈувʼ галагʼута,
ныволат ивʼыник пыче гатвагала ын.

18

[2] «When we go for picking berries»
(continued)

And then wind came up,
you begin to clean the berries with a special basket.
And then it's time for lunch,
you go and call out:
40 "It's time, friends," you call out,
"it's time, friends, to have lunch."
And again Varvara Yakovlevna begins to dance.
And all the women begin then to dance.
And then you are dragging yourself and eventually come to the tent.
45 As you arrive, we begin to cook,
someone goes for firewood and someone for water.
The same in the evening, then we have dinner,
and you go again.
When it's about time for supper, say:
50 "It's time for supper.
Look, soon bears will come to the river."
And when you notice bears approaching
you have to sit down there.

И тут ветер подул,
начинаешь туесок с ягодой чистить.
И потом время к обеду,
подходить и звать:
40 – Пора подруги, начинаешь звать,
пора подруги, обедать!
И опять Варвара Яковлевна начинает танцевать там.
И все женщины начинают танцевать.
А потом тащишь и теперь идешь к палатке.
45 Как придешь, начинаем варить,
кто идет за дровами, кто за водой.
Вечером также, потом пообедаем
и идешь снова.
Ну, вот ужин подходит, начинаем говорить:
50 – Пора, может, начнем ужинать.
Вот скоро медведи будут подходить к речке.
И когда медведей увидишь на подходе,
нужно садится там.

[2] «Когда мы идем по ягоды»
(продолжение)

📽 1.1 ‖ 55 › 6:45 ‖ 60 › 7:11 ‖ 65 › 7:34 ‖

В'ыйин гаӈвота ивик: – Уруру!
55 Чтобы ынно наваломын кэйӈын и валомыткин,
кэйӈын и ӈывот вэччаӄ морык ӈывот лылепык.
И хорошо тыттэль наӈволаткынэмык
гинтытык нанкалатнэм,
что мур г'уемтэв'илг'ымур или таӄ муру.
60 Потом ын кэйӈын эв'в'эвыткын в другую сторону.
И муру тынгэв' витку мытылӄолаткы
и мытгынтав'лат полоӄаӈ.
Эмильг'ыт вен.
Мекив' нытанӈав'лаӈ эв' ӄорыӈ яллатк г'опта.
65 Мекив' эл эник атанӈав'ка ыӈки эг'омавлат.
Пока кэйӈын элвэк энг'алка,
эл микг'ал эв'элӄыкэ иттыткин.
Митив' гэкыев' эмильг'ытвеӈ
аӄан микг'ал г'опта ӈывот никэк.

20

[2] «When we go for picking berries»
(continued)

In unison you say: "U-ru-ru!"
55 So that the bear hears and he listens,
and the bear stands up and looks at us.
And he begins to look us over carefully
and recognize,
that we are people or something else.
60 Then the bear goes off in another direction.
And then we get up
and go to the tent.
And it's always like that.
Anyone who is frightened comes to us.
65 And whoever isn't frightened, sits there.
While the bear is not going away,
nobody runs away.
In the morning you wake up,
and everyone else as well.

Заодно говоришь: – Уру-ру!
55 Чтобы он, медведь, услышал, и он слушает,
затем медведь встает и на нас смотрит.
И хорошо начинает присматриваться
признать нас,
что мы люди или кто-то еще.
60 Потом этот медведь уходит в другую сторону.
И мы тогда встаем
и уходим в палатку.
И так всегда.
Кто боится тут же к нам идет.
65 А кто не боится, там же сидит.
Пока медведь не отойдет,
никто не убегает.
На завтра просыпаешься
и другие все так же.

[3] «Родовые мелодии»

В. К. Белоусова, п. Палана, 2.10.2001

📷 1.1 ‖ 1 › 7:55 ‖ 5 › 8:26 ‖ 10 › 9:06 ‖ 15 › 9:43

1 В'а гымнан ниткэн дедушканин Антона Михайловичин песня
    тыяваткин.
    И ниткэнин дедушка Ильлигин,
    надо жить, жить.
    Ипэ гаӈвота татылыткок,
5 тумгу г'опта омакаллат.
    Тыттэль ӈыволаткы кырвычг'атык.
    Обедык ӈыволат ныкэк.
    Ӈыволат эмэлвэлг'ын яярыткок.
    И Илларион Михайлович.
10 Ыйяаыйя гымнянеч гым тынг'алык.
    В'а г'аӈвот никэк нэнинкырвыльг'атыткынэ ынӈын гырныку.
    Когда Ололок ыннэну ӈыволат или мыляв'чытик лигым
      қайоттыг'алат.
    Лыгымэ тэник ӈыволат мыляв'сетык.
    Чтобы қолэнкэнаӈ ынӈин гырнику г'опта лықлаӈконаӈ,
15 нымрайг'а ныг'итыткы.
    Охотникаӈ г'опта нэетынэ,
    нэныкэткнынэ ытгынан нанг'ынмыткына г'опта ынӈинэ қайӈув'и.
    Қай гырника наӈвоткын валомык г'опта тинны.
    А мургин никиӈун в'а этынвылг'ын ӈэвынниқчэк.

[3] «Family songs»

V. K. Belousova, Palana, 2.10.2001

1 Well, I will sing the song of my grandfather Anton Mikhailovich.
Of my grandfather Il'ligin,
one has to live, live.
Especially, when you start with the feast,
5 friends all come together.
They start having a good time.
Everyone starts to have dinner.
Everyone starts to beat a drum.
And (also) Illarion Mikhailovich.
10 I remained alone.
Then you begin to arrange a joyful feast for the animals.
During "Ololo", they dance all the time, and then have a rest again.
Later they begin again to dance.
So that these animals will come again next year,
15 and that (the hunt) will be successful.
So that they come to the hunters,
and so that they also kill bears.
As if the animals would hear everything.
But our host is a friend.

---

1 Вот я мелодию дедушки Антона Михайловича пою.
А эта дедушки Ильлигин,
надо жить, жить.
Особенно, когда начинаешь праздновать,
5 друзья все собираются.
Очень начинают веселиться.
Все начинают обедать.
Каждый начинает играть на бубне.
И Илларион Михайлович.
10 Я один остался.
Вот начинаешь устраивать веселый праздник зверям.
Когда Ололо – все время танцуют, затем отдыхают.
Снова позже начинают танцевать.
Чтобы на следующий год эти звери вернулись,
15 и удачно было.
Чтобы охотникам тоже пришли,
добывали бы также медведей.
Будто звери начинают слышать все это.
А наша хозяйка, та самая подруга.

23

[3] «Родовые мелодии»
(продолжение)

20 Нымичг'аг'а тыттэль гым инэнэв'эви.
   Энантатылав'ыт г'опта ӈыволат панэнатвык қайтомгылықыӈ.
   Тыттэль г'опта ӈыволаткы амин панэнатвык.
   Тыттэль мургин ӈэвинниқчеку нимысг'аг'а ныкырвилэӈин.
   Г'опта тинэ тумгу ралат.
25 Г'опта тын нантыватыткын.
   И ӈыволат кырвычг'атык, эв'йик, чаёлқэлатке.

[3] «Family songs»
(continued)

20 She fed me very delicious food.
    She held the feast, and the word goes out to close friends.
    They spread the word.
    Our friends become wonderfully happy.
    All friends who want to come.
25 All stand up.
    And start to talk, eat and have tea.

---

20 Очень вкусно меня кормила.
    Провела праздник, начинает рассказивать близким друзьям.
    Очень даже начинают будто рассказывать.
    До чего наши подруги прекрасно веселятся.
    Все желающие, друзья заходят.
25 Все что есть, ставят.
    И начинают беседовать, кушать, пить чай.

«Family song of Illarion Mikhalovich Yaganov» [4]

V. K. Belousova, Palana, 2.10.2001

[4] «Родовая мелодия Иллариона Михайловича Яганова»

В. К. Белоусова, п. Палана, 2.10.2001

🎞 1.1 ‖ 1 › 10:55 ‖ 5 › 11:35 ‖ 10 › 13:01 ‖ 15 › 13:24 ‖ 20 › 13:46 ‖

1   Нато жить, нато жить.
    Тэюнэньӈык
    томгыллкыӈ
    ыйяон амкирвэӈ тэюнэньӈык.
5   Тыттэль унмык ӄонпыӈ ын моргынан мыныӈволат никэк,
    ыннянёчга ныгʼэли, мытыӈволан явак.
    Яӄӄаӄона ынныны
    Гымнянёчга тыгʼнук гʼопта.
    Эллэ тынна
10 Ыйя, тумгу гʼопта вегʼылат. Эл тын микгʼал энгʼэлкэ.
    А гʼопта аӄаӈ микгʼал ян ныкырвикын тумгу,
    гʼопта эллэ тын иткэ ныгʼалат.
    Ам вэкут эчги пачочалат эл экырвыкы ныгʼаллат аӄан таӄык.
    Аӄаӈ йыгʼайӈэвылӄы вʼа тумгу гʼопта
15 гивылӄи: – муру ачгэнгʼылё мытыӈволат ын праздник
      мытаӈвот тилик.
    И гʼоптаӄлаӈ томгылык гаӈвот ивык:
    – гыммо лыгитвен тытиткын,
    чтоб гʼопта тумгу нэрэткына!
    Авъэнвыӈ или таӄыӈ.
20 И ӄонпыӈ муру эмыльгʼытвʼэӈ мытъенатылӄы.
    Ӄиньвʼач тумгу гʼопта вэгʼылат.

26

1 One must live, one must live.
One must try hard to live
with friends
try hard to live in friendship.
5 Often we always say,
that he was left alone, and we sing (his song).
Regret.
I am also the only one left.
No one remains.
10 Oh, all my friends have died. Nobody's left.
And all the fun-loving friends,
they are also no longer.
Now, those who are left, are not interested in anything.
Though, even so, you invite all people
15 and we say: "We start today to hold our feast."
And to the other people we say:
"I want to hold the feast."
That all guests will come.
Taste the festive food, or whatever else.
20 And that's how we lived all the time.
Now all my friends are gone.

---

1 Надо жить, надо жить.
Стараться жить
с друзьями
стараться дружно жить.
5 Часто всегда мы говорим,
что он один остался, и мы поем (его мелодию).
Сожаление
Я один остался тоже.
Никого не стало
10 Эх, друзья все умерли. Никого не осталось.
И все веселые друзья,
также и их не стало.
А те, которые остались, не интересуются ничем.
Хоть приглашаешь всех людей
15 и говорим: – мы сегодня начинаем праздник проводить.
И другим говорим:
– я буду проводить праздник,
чтобы все гости пришли!
Попробовать праздничную еду, или что еще.
20 И всегда мы все так же жили.
Теперь друзья все ушли.

[5] «Родовые мелодии»

В. К. Белоусова, п. Палана, 2.10.2001

📽 1.1 ‖ 1 › 13:55 ‖ 5 › 14:13 ‖ 10 › 14:45 ‖ 15 › 15:08 ‖

1   А в'уттин ҝулив'в'и эллэ ат чинин этэйкыкэ.
    Предки мургинэ
    дедушкав'и вэн ивилҝэлат митгыҥ айнҥымитг'ын,
    айныҥкокэн митгын.
5   Ҥанэнытгынав' в'уттин ҝулив'и.
    Г'опта наҥвоткына ҝыньв'ач ва эчг'энкенаҥ морг'ынан
      мытынгыйючев'нэ ытгынэ ҝулив'и.
    Большинство гымнин г'ыллыгын эл тит апчыҝолэявака.
    Когда ынно потому что ынно никэлҝы инэнг'айҥэви.
    Гармошката инэнг'айҥэвылҝыт нимиткин гармошкак инэнг'айҥэвык
10 и скрипкэк инэнг'айҥэвылҝы
    и балалайката.
    Ынно титэ на охоту гынтэвыткын скрипку ын тыллытиткынын,
      тыллытиткныын.
    Когда ҥывоткин ачченьг'ыле тэеньҥылкы,
    струн никеткин скрипкэкин айҥэткын.
15 Ымэммэ ивиткын: – вот сейчас отец тургин тэетыҥ.
    Уже ыннана никэнин мэл гынтэнин ынҥин.
    Киткит пыкырыткыт даже не распрягает г'ытг'ув'ви,
    эл эныкэкэ киткит рэткын эллэ им итг'ийтвэт иттыткын.

[5] «Family songs»
V. K. Belousova, Palana, 2.10.2001

1 We do not compose these songs ourselves.
Our ancestors,
grandfathers have spoken this way since the ancient past,
the deep roots of ancestors.
5 These are their songs.
Since then, until now, everybody has learned their songs.
For the most part my father did not sing songs.
When he (did so), because he just played the violin.
He played the harmonium, the harmonium,
10 the violin
and he played the *balalaika*.
When he went out to hunt, he hung up the violin.
On the day he was supposed to arrive,
the string of the violin began to resound.
15 And my mother said: "Look, now your father will arrive soon."
She had already learnt that well.
When he arrives, he does not even untie the dogs yet,
he just comes in, not even taking off his *kukhlyanka.*

---

1 Эти мелодии сами не сочиняем.
Предки наши
дедушки так говорили из глубокой старины,
глубокие корни предков.
5 Ихние эти мелодии.
Все до этих времен учили ихние мелодии.
Большинство мой отец не пел мелодии.
Когда он, потому что он только на скрипке играл.
На гармошке играл, на гармошке,.
10 на скрипке
и на балалайке играл.
Когда он уходил на охоту, эту скрипку вешал..
Когда он должен был приехать,
то струна на скрипке начинала звенеть.
15 И мама говорила: – вот сейчас отец ваш должен приехать.
Она уже хорошо изучила это.
Как приедет, даже не распрягает собак,
сразу заходит, не снимая кухлянку.

«Родовые мелодии»
(продолжение)

📽 1.1   ‖ 20 › 15:37 ‖ 25 › 15:56 ‖ 30 › 16:31 ‖

В'алю пэӈкэн пырыткынин,
20 скрипка сразу пэнтыткын.
И вот ӈывот инэнг'айӈэвык ой, уж мэӈкымыч инэнг'айӈэвыткын.
Когда плыткук инэнг'эйӈэвык,
витку никэткин ӈывот куг'ийтывэк,
прыткулкивыткынин г'опта иг'у.
25 Яӄачг'ам ӈывот ныкэтэ яяра,
эл эпчыуйичвэтик.
Ынтав'ут Конон гымнин сосед.
Ынно эмэлвэк вэтатылкы никэк ветеринарным,
коровав', коняв' ынан лечитылӄывыткнин ынно.
30 Тыттэль ныкырвыӄин г'амынӈа аӄан мэӈкыт эв'в'эвыткын,
лыган ӄонпыӈ эв'ыт.
Эчаӄмэл никыӈ никогда эл в'а эникэкэ,
все время весёлый, каждый день.

30

«Family songs»
(continued)

He takes off only his fur-cap,
20 immediately he takes the violin.
And he starts to play from his inner soul.
When he finishes playing,
then he begins to take off his clothes,
and he takes off all his clothes.
25 Then he starts with the drum,
but he didn't really play.
But then on my neighbor Konon.
He worked everywhere, as a veteranian,
he cured cattle, horses.
30 Very happy, whereever he went, he was always like that.
As if he had never been like that,
and always jolly, every day.

Только малахай снимет,
20 сразу скрипку берет.
И вот начинает играть от души.
Когда закончит играть,
тогда начинает снимать с себя одежду,
снимает всю одежду.
25 Затем начинает на бубне,
но не особенно играл.
А теперь про моего соседа Конон.
Он везде работал, ветеринаром,
он лечил коров, лошадей.
30 Очень веселый был, куда бы ни уходил, всегда такой.
Будто никогда не был другим,.
и все время весёлый, каждый день.

[6] «Мелодия про моего соседа»

В. К. Белоусова, п. Палана, 2.10.2001

▱ 1.1   ‖ 1 › 17:33 ‖ 5 › 18:12 ‖ 10 › 19:50 ‖

1 Гымнин сосед мыйяван.
Аӄанна короваӊ танӄэв'латкынна,
мэӈкэ ӄулинаӄу
янотылӄы гаваломлӄэва.
5 Ыйя ӄон тумг'он кырвэг'ыльг'ын.
Яӄӄа эв'латкына г'ычив'айӈэткын ынпыӈэв'.
Яӄӄа ӄон.
Мэӈкыт ӈыволат ныкэк ӄолэявак,
и лигытвэн г'аӈвота мылавык.
10 Эллэ нийӄыг'э, кытвыл нийӄыг'а.
Мэлькытвыль в'а ынӄыт.
Ӄолэявак мылавик мэчг'аӊ.
Гитэк тумгу микг'ал нымитӄин мылавык.

[6] «Song about my neighbor»
V. K. Belousova, Palana, 2.10.2001

1 I will sing about my neighbor.
   while he was herding the cows,
   a loud song came from there,
   and I listened.
5 What a jolly friend.
   They also say that he's a joking old lady.
   Regret.
   When they begin to sing the song,
   you in the same spirit begin to dance.
10 Not fast, no need (to dance) fast.
   Fluidly, like that.
   Sing a song, dance beautifully.
   Watching the dancers; (thinking) who dances the best.

---

1 Про моего соседа спою.
   Хоть пас коров,
   оттуда громко шла мелодия,
   я прислушивалась.
5 Вот уж дружок веселый.
   Даже говорят, шутливая бабушка.
   Сожаление.
   Как начинают петь мелодию,
   сразу же начинаешь танцевать.
10 Не быстро, не надо быстро.
   Плавненько. Вот так.
   Мелодию петь, танцевать красиво.
   Смотреть на танцующих, кто мастер танцевать.

[7] «Мелодия про моего соседа»
В. К. Белоусова, п. Палана, 2.10.2001

▬ 1.1   ‖ 1 › 20:06 ‖ 5 › 20:27 ‖

1   Мелодия гымыкдедушкан,
    ыныннэ в'ут кулипиль в'ут ыниккыӈ мынӄавивын.
    Ынно гымнин дедушка,
    нынны Михаил Кириллович Суздалов.
5   Ыныннэ в'ут кулипиль в'а ыныккыӈ мынӄавыв'ын,
    потому что ынкйеп тэтон.
    Рэмкылг'ынаӈ мыйяван ӄулипиль.
    Мынӄавивон.

[7] «The song of my grandfather, Mikhail Kirilovich Susdalov»
V. K. Belousova, Palana, 2.10.2001

1 This is the song of my grandfather,
   and this song I give to him (Erich).
   He is my grandfather,
   his name is Mikhail Kirilovich Suzdalov.
5 His song I will give him as a gift.
   because I've sung (it) for a long time.
   for my guest I'll sing this song.
   I give it as a gift.

---

1 Мелодию моего дедушки,
   эту мелодию подарю ему (Эриху).
   Он мой дедушка,
   по имени Михаил Кириллович Суздалов.
5 Эту мелодию ему подарю,
   потому что давно пою.
   Для гостя спою мелодию.
   Подарю.

Белоусова,
Варвара Кондратьевна

[1] «Мелодия посвящена лесновцам»
В. К. Белоусова, п. Палана, 8.10.2000

 1.2   ‖ 1 › 00:00 ‖ 5 › 0:16 ‖ 10 › 1:07 ‖

1 Г'опта тын ганчочымава,
   умчеру ганчочымава,
   таӄ г'ал-ка, уӄкалӈин ганчочымава,
   и в'а кругом веччалӄэлат.
5 Мэкнаӈ попадет,
   тамлавыӈ или татаӄыӈ.
   Этын микг'ал мыяван.
   Ӄай гымнин сосед мыяван
   В'эемлэӈэву мыйяванав'в'э,
10 таӄыӈ г'атты
   В'эемлэӈэву мыяванав'в'э,
   таӄыӈӈ г'атты.
   Матлёнанаӈ мынняванав'.

[1] «Song, dedicated to the people of Lesnaya»
V. K. Belousova, Palana, 2.10.2001

1 Everything that has to be prepared,
  you prepare the sticks,
  you prepare even more sticks,
  and they are set up in a circle.
5 Whoever happens to,
  begins to dance or to perform something.
  I don't know what to sing.
  I will sing my neighbour's (song).
  I will sing about the women of Lesnaya,
10 how they … look.
  I'll sing about the women of Lesnaya,
  how they ... look.
  For Matrena we sing.

---

1 Все что надо приготовить,
  палочки приготовишь,
  и ещё палочки приготовишь,
  и все вкруг становятся.
5 Кому попадет,
  тот станцует или что-нибудь исполнит.
  Не знаю о ком исполнить.
  Вот моего соседа исполню.
  Про лесновских женщин спою,
10 что они ... поди
  Про лесновских женщин спою,
  что они ... поди.
  Для Матрёны споем.

[2] «Мелодия о друге Кононе»
В. К. Белоусова, п. Палана, 8.10.2000

🎬 1.2 ‖ 1 › 5:47 ‖

1   А сосед мыявалҟэ.
    а сосед мыявалҟэ.

[3] «Родовая мелодия Сергея Антоновича Яганова»
В. К. Белоусова, п. Палана, 8.10.2000

🎬 1.2 ‖ 1 › 6:29 ‖

1   У меня моего отца знает вот моя мелодия она знает,
    и бубен мытыңвотокеэн никэк, как один.
    Мэңкыт никэткын, ынкыт мытыңвоткын
    и ҟоляявак кайлым як, никэткин она устает, и я начинаю.
5   Гымтак тыңвоткын мыччеки, и она…

[4] «Родовая мелодия Христофора Даниловича Яганова»
В. К. Белоусова, п. Палана, 8.10.2000

🎬 1.2 ‖ 1 › 6:52 ‖

1   Мэткэ Андрей тэл мэл тэлэни, Христофорович.
    Тэнмав', лылэлг'атик ын вспоминаю.

[2] «Song on my friend Konon»
V. K. Belousova, Palana, 8.10.2000

1   I am going to sing about my neighbor.
I will singing about my neighbor.

---

1   Про моего соседа спою.
Про моего соседа спою.

[3] «Family song of Sergei Antonovich Yaganov»
V. K. Belousova, Palana, 8.10.2000

1   She knows my song and my father's,
and we start to beat the drum, in unison.
When it starts, we also begin to sing the song,
but when she gets tired, I begin.
5   When I become tired, then she (sings).

---

1   Моего отца и свою мелодию она знает,
и в бубен начинаем, как один.
Как начинает, так и начинаем мелодию петь,
но когда она начинает уставать, я начинаю.
5   Я начинаю уставать, и она…

[4] «Family song of Khristofor Danilovich Jaganov»
V. K. Belousova, Palana, 8.10.2000

1   Andrei might come here tomorrow, Khristoforovich.
I'd recall that only with (the use of) fly-agaric mushrooms.

---

1   То ли Андрей туда завтра придёт, Христофорович.
Только при мухоморе эту вспоминаю.

Поспелова,
Надежда Михайловна

«Родовая мелодия отца Михаила Игнатьевича»
Н. М. Поспелова, с. Лесная, 31.10.2001

📼 1.3   ‖ 1 › 4:21 ‖ 5 › 4:37 ‖ 10 › 5:02 ‖ 15 › 5:23 ‖

1   В'уттин ӄулиӄул эньпичин
   Михаила Игнатьевича Яганова.
   Ынно ӄонпыӈ охотился, рыбачил.
   Мэӈки нутэк итылӄивыткын,
5   Если у него например рыбы много, никэткыныӈ в'а поймает,
   тыттэль ныкырвыӄин ныг'алаткыӈ у него никэв'и,
   г'опта настроение никэткыӈ поднимается.
   И ӈывоткын ӄоляявак.
   Нэмг'эк в'айи зимой,
10 когда на охоту никэткын,
   таӄу в'а тымыткынэн, или кэйӈыӈ,
   но это осенью этылӄэлат,
   ынӈинэ наӈвоткын тытатыллалг'авык до утра.
   В'уттин ӄулиӄул эньпичин тыныкэткын тинлэткын.
15 Атав' тыттэль нураӄ тыӈвон тэйгучев'ӈык.
   Аӄан ынно виг'и гымнан ын тивылӄы,
   почему ынан гымыкыӈ эл апэлатка ынин ын ӄулиӄул.

«Family song of my father Mikhail Ignat'evich»
N. M. Pospelova, Lesnaya, 31.10.2001

1   This song belongs to my father.
    Mikhail Ignat'evich Yaganov.
    He was always hunting and fishing.
    When he was in the tundra,
5   (and) if he had for example a lot of fish, that he had caught,
    he became very happy,
    and his mood lifted.
    And he begins to sing a song.
    Also in winter,
10 when he went hunting,
    and he kills something, or a bear,
    but this happens in fall,
    and he holds festivities for them until morning.
    I always sing this song of my father.
15 But I was very slow when I learnt it.
    Then he died, and I said,
    why did he not leave me that song.

---

1   Эта мелодия отца
    Михаила Игнатьевича Яганова.
    Он всегда охотился, рыбачил.
    Когда в тундре бывал,
5   и если он, например, рыбы много поймал,
    ему очень радостно становилось,
    и настроение поднималось.
    И начинает петь мелодию.
    Также и зимой,
10 когда на охоту уходил,
    что-нибудь убивает, или медведя,
    но это осенью бывает,
    то для них начинают устраивать праздник до утра.
    Эту мелодию отца я всегда пою.
15 Правда, очень долго ее учила.
    Хоть он умер, я говорила,
    почему он мне не оставил эту мелодию.

«Родовая мелодия отца Михаила Игнатьевича»
(продолжение)

■ 1.3   ‖ 20 › 5:42 ‖ 25 › 6:03 ‖ 30 › 6:25 ‖

И тумгэ гым нив'гым,
если гынан на сильно ынӈин захочешь г'ыллыгин ӄулиӄул,
20 то оравыч ынӈин таӈвоӈэ г'урэвык.
Постепенно таӈвоӈ.
И вот ынно уже когда умер 94 г.,
и вот тэнмав' последний ӈитаӄ гэвэгырӈын
витку в'ут ӄулиӄул гымнан тыӈвон,
25 уже сколько прошло.
И гымнан в'ут ӄулиӄул,
нэмг'эк в'ай г'ын мэӈкыт тыӈвок лэйвыӄ алесӄэнвыӈ тэв'в'эвыт
   нэмг'эк ӈаныӄ тыӈвот ӄолэявак,
и гымнин в'а тыттэль настроение мичг'атвыткын,
г'опта тыӈвот тэтолг'атыткы.
30 Ӈэмг'эӄ в'а, если нымэӈиг'а мыталолаткын,
ынӈин тыӈвоткын тымлаватык и ив'инилг'у г'опта.
В'ыйин г'ат тымлавылӄэвыткын,
ӄиньвач тумгу нэмг'эк гымыкы ӈыволатки никэк мылавык.

42

«Family song of my father Mikhail Ignat'evich»
(continued)

And my friends told me,
if you really want the song of your father,
20 it will come to you some time.
Gradually it will.
And when he died in 1994,
and just during the last two years
I began to sing this song,
25 so much has already happened since.
And this song
I begin to sing when I go somewhere to pick berries,
and I get into a very good mood,
 and also recall everything.
30 Well, if I've picked many berries,
I begin to dance, and other berry pickers.
I dance by myself,
then other friends begin to dance with me as well.

И подруги говорили,
если ты сильно захочешь мелодию отца,
20 когда-нибудь она появится.
Постепенно будет.
И когда он умер 1994 г.,
то только в последние два года
эту мелодию я стала (петь),
25 уже сколько прошло.
И я эту мелодию,
когда хожу за ягодами, также начинаю эту мелодию петь.
и у меня очень прекрасное настроение стало,
и тоже все вспоминается.
30 Вот, если много ягод собрали,
я начинаю танцевать, и другие ягодники.
За одно танцую,
теперь и другие подруги также со мной начинают танцевать.

Шмагина, Екатерина Николаевна

[1] «Родовые мелодии во время «Ололо»
Е. Н. Шмагина, п. Палана, 5.10.2001

📷 1.4 ‖ 1 › 00:00 ‖ 5 › 0:26 ‖

---

1 Татылык, когда дедушканин ӄулиӄул
ынно ын наг'айӈавыткын татылыӈ Олололӄэвыткыӈ.
Яяр г'опта нэйылыткын яллат
и ӈывот эӈэӈтэк.
5 Ынно ын ынин ӄулиӄул.

[2] «Родовая мелодия»
Е. Н. Шмагина, п. Палана, 5.10.2001

📷 1.4 ‖ 1 › 00:29 ‖ 5 › 1:26 ‖ 10 › 2:02 ‖

---

1 Яво ... Ынно ныв'апаӄоӄэн.
И когда ӈывоткын в'апаӄ энарэтык,
ынно ӈывот ӄолэявак.
Ын ынин ӄулиӄул ынно ивилӄэ: – яво, яво,
5 гымнан олӈатыткын.
Нутэк тылэйвылӄивыткы, г'опта ын ӄулиӄул нотайпыӈ
   тылэйвылӄивыт.
Ыннин ӄулиӄул явалӄэвыткынин.
И ӈывоткин ивик: – йявао, йявао.
Гыммэ гав'апаӄойгым.
10 Гымнин митг'ын, митг'ынин ӄулиӄул.
Митг'ын гымнин Татьяна которая.

44

[1] «Family songs at the "Ololo" feast»
E. N. Shmagina, Palana, 5.10.2001

1 When we invite our grandfather to the feast,
  he sings his song at "Ololo" (feast).
  Once they provide a drum, people come
  and begin to sing.
5 This is his song.

---

1 Когда на праздник приглашают дедушку,
  то он поет свою мелодию на «Ололо».
  Также бубен дают, приходят
  и начинают петь.
5 Это и есть его мелодия.

[2] «Family song»
E. N. Shmagina, Palana, 5.10.2001

1 Under the influence of fly-agaric... He ingested fly-agaric (mushrooms).
  When he begins to look for fly-agaric,
  he begins to sing his song.
  In this song he sang: "I'm doing fly-agaric,
5 in the tundra.
  I am walking over the tundra, and so I sing this song about the tundra."
  This song he sang.
  And he says: "I am under the influence of fly-agaric,
  I am under the influence of fly-agaric."
10 That is my relative's song.
  My relative Tat'yana.

---

1 Под мухомором ... Он употреблял мухомор.
  И когда начинает мухомор искать,
  он начинает напевать мелодию.
  В этой мелодии он напевал: – я под мухомором, я под мухомором,
5 я по тундре.
  По тундре иду, также эту мелодию по тундре напеваю».
  Эту мелодию он и пел.
  И говорит: – я под мухомором, я под мухомором.
  Я под мухомором».
10 Моя родственница, у родственицы мелодия.
  Родственница моя, Татьяна.

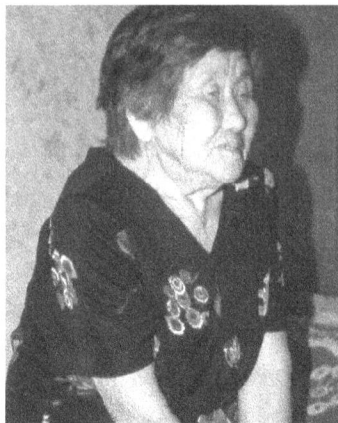

[3] «Родовая мелодия»

Е. Н. Шмагина, п. Палана, 5.10.2001

▣ 1.4   ‖ 1 › 2:16 ‖ 5 › 4:07 ‖ 10 › 4:37 ‖ 15 › 5:05 ‖

1   Ыйяво тыйяӈо,
 Она у нас ослепла и наверное вспоминала,
 когда она раньше молодая была.
 Ынно тылэйвылқы нотайпыӈ.
5   Потом дедушка мургин гымнин
 ынно нурэлэӈ гэвигʼылин, один он тоже.
 Ынно нурел гэвигʼылин ыняннӗчга ынно ныгʼали гэнгʼалин.
 Гымнин гʼыллыгын и ӈитэргэрэ ынин унюнювʼи.
 Гымнин гʼыллыгын и ынин қайтакалӈын итылқи, тоже.
10 Поэтому она гʼопта кэтогʼылқивыткынин,
 как ынно гэюнэтылқилэӈ.
 Семья ытгин гʼопта итылқи.
 Еще у бабушки была
 такая қулиқул тыттэль нымисгʼақин тылқы.
15 Уже совсемь тыпкавыткин,
 сколько тыӈвот такэтогʼыӈқы, и не могу никак вспомнить.

46

[3] «Family song»
E. N. Shmagina, Palana, 5.10.2001

1 I am under the influence of fly-agaric.
She lost her sight (when she was) with us and probably remembered,
the time when she was once young.
She walked along the tundra.
5 Then my grandfather
died suddenly, he was also alone.
He died quickly, he was alone.
My father and his two children.
My father, and also his brother.
10 That's also why she remembered,
how she lived.
They also had family.
And my grandmother
had such a nice song.
15 I can't remember at all,
how much (it would be) if I could start to remember, but I can't.

---

1 Я под мухомором.
Она у нас ослепла и наверное вспоминала,
когда она раньше молодая была.
Она ходила по тундре.
5 Потом мой дедушка
быстро умер, он тоже (был) один.
Он быстро умер, он был один.
Мой отец и двое его детей.
Мой отец и его брат был, тоже.
10 Поэтому она тоже вспоминала,
как она жила.
Семья у них тоже была.
Ещё у бабушки была
такая красивая мелодия.
15 Уже совсемь не могу вспомнить,
сколько начинала бы вспомнать, и не могу никак.

Белоусова, Матрёна Георгиевна

[1] «Родовая мелодия»
М. Г. Белоусова, с. Лесная, 18.10.2001

🎬 1.5 ‖ 1 › 1:03 ‖ 5 › 1:20 ‖

1　Вспомнила, когда моя мама укладывает внуков спать
　и поет эту песню.
　Я вспомила только вчера, вот вспомнила что-то сейчас
　увидела внуками укладывала и вспомнила песню,
5　когда мать пела.

[2] «Родовая мелодия матери отца»
М. Г. Белоусова, с. Лесная, 18.10.2001

🎬 1.5 ‖ 1 › 3:11 ‖

1　Эта у матери моего отца, так пел,
　потом мать пела эту песню.

[3] «Родовая мелодия у бабушки»
М. Г. Белоусова, с. Лесная, 18.10.2001

🎬 1.5 ‖ 1 › 4:16 ‖

1　Это у бабушки моей песня.

[1] «Family song»
M. G. Belousova, Palana, 18.10.2001

1 I remembered, when my mother puts her grandsons to bed
and sings this song.
I remembered only yesterday, I remembered and somehow
I saw now how she put her grandsons to bed and I remembered the song,
5 when my mother sang.

[2] «Family song of father's mother»
M. G. Belousova, Palana, 18.10.2001

1 This belongs to my father's mother, as he sang it,
then my mother sang this song.

[3] «Grandmother's family song»
M. G. Belousova, Palana, 18.10.2001

1 This is my grandmother's song.

[4] «Родовая мелодия мамы Екатерины Федоровны»

М. Г. Белоусова, с. Лесная, 18.10.2001

🎬 1.5 ‖ 1 › 5:36 ‖ 5 › 5:51 ‖

1 Это у моей мамы
Екатерины Федоровны.
Элучҡивык нутэк аҡан миңки гэюнэтылҡы
маңкап гэлэйвылҡы,
5 аҡ мэңинын ҡулиҡул обязательно никэк
хоть у матери, хоть у отца.
Они сами собой эв' приходят.

[5] «Родовая мелодия»

М. Г. Белоусова, с. Лесная, 18.10.2001

🎬 1.5 ‖ 1 › 6:07 ‖

[4] «Family song of my mother Ekaterina Fedorovna»
M. G. Belousova, Palana, 18.10.2001

1 This belongs to my mother
Ekaterina Federovna.
For berry picking in the tundra, no matter where you live,
you go anywhere
5 I have to (sing) a song
but of my mother, or of my father.
They come (to me) immediately of their own accord.

---

1 Это у моей мамы
Екатерины Федоровны.
За ягодами, в тундре ли живёшь
где бы не ходила,
5 любую мелодию (пою),
но обязательно матери, отца.
Они сами собой сразу приходят.

[5] «Family song»
M. G. Belousova, Palana, 18.10.2001

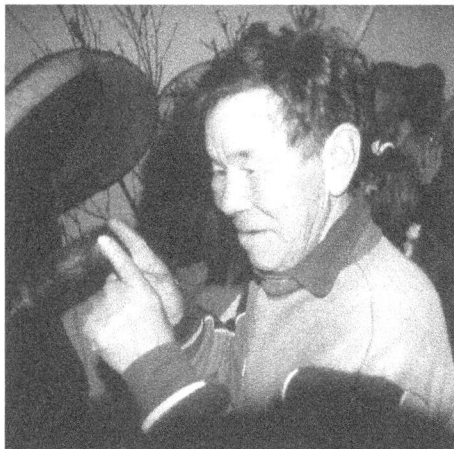

51

Родовые мелодии
во время праздника «Ололо»

[1] «Ололо в Лесной у Марии Георгиевны Шмагиной»

🎬 1.6   ‖ 1›00:00 ‖ 2›0:34 ‖ 3›1:42 ‖

1 Родовая мелодия Матрёны Георгиевны Белоусовой.
2 Родовая мелодия Матрёны Георгиевны Белоусовой.
3 Родовая мелодия Марии Георгиевны Шмагиной.

[2] «Родовая мелодия во время «Ололо» в Лесной у М. Г. Шмагиной»

🎬 1.6   ‖ 1›2:25 ‖ 5›3:39 ‖ 10›5:28 ‖

Поёт Мария Георгиевна Шмагина, комментирует Е. Г. Яганова.

1 Ололо, мэчг'аӈ нэв'в'эвыткынэ, колэнкэнаӈ,
   лигыммэ ныетыткинэ ангытыӈ
   нэв'в'эвыткынэ
5 ҟолэнкэнаӈ нэв'в'эвыткынэ
   ҟолэнкэнаӈ лыг'ымэ ныеннэв'и
   кытэпапэльӈаҟо нэв'в'эвыткинэ
   ҟолэнкэнаӈ, ныетылҟинэ, ҟолэнкэнаӈ
10 нымкыг'а ныетын
   экыллюнэв'и гырникув'и нэв'в'эвылҟынэ
   нимичг'а нэв'в'эвылҟынэ г'унг'альпиляҟу
   аҟан таҟ гырнику нэв'в'эвылкынэ.

[3] «Родовая мелодия во время «Ололо» в Кинкиле у Е. А. Ягановой»

🎬 1.6   ‖ 1›7:33 ‖

1 Родовая мелодия Матрёны Георгиевны Белоусовой.

52

[1] «"Ololo" feast in Lesnaya, hosted by M. G. Shmagina»

1 Family song of Matrena Georgievna Belousova.
2 Family song of Matrena Georgievna Belousova
3 Family song of Maria Georgievna Shmagina.

[2] «Family song at the "Ololo" feast in Lesnaya, hosted by M. G. Shmagina»

performed by M.G. Shmagina, commented by E.G. Yaganova.

1 "Ololo", may they depart well until next year
   come back again to the feast
   they depart
5 until next year they leave
   until next time, come back again
   the snow-sheep (souls) go off
   until next year, they come back, until next time
10 many came
   my son's animals depart
   the seals (souls) go off well
   whatever animals depart.

―――――――――――――――――――――――――――――――――――――――

1 Ололо, хорошо пусть уезжают, до следующего года,
   снова возвращаются на праздник
   уезжают
5 до будущего уезжают
   в следующем снова возвращайтесь
   баранчики пусть уезжают
   до следующего, возвращаются, до следующего
10 много пришло
   у сына звери уезжают
   хорошо уходят нерпушечки
   хоть какие звери уезжают

[3] «Family song at the "Ololo" feast in Kinkil', hosted by E. A. Yaganova»

1 Family song of Matrena Georgievna Belousova

Кававтагина,
Мария Кондратьевна

[1] «Общая информация о родовых мелодиях»
М. К. Кававтагина, п. Палана, 5.10.2001

🎬 1.7   ‖ 1 › 00:00 ‖ 5 › 0:21 ‖ 10 › 0:42 ‖ 15 › 1:20 ‖

1 Мать у нас ылла мучгин тыттэль наӈаӈъяӄэн.
Тыттэль ныӄолэяваӄэӈгʼынан мую нангыелавʼламык,
ынней гымнин ыллагʼо гʼопта ныяяйыткоӄэна,
наӈаӈъякэнавʼ тылайвыма.
5 Тыттэль ниччыӄин ытгын вэтгʼыйӈин то.
Накоӈвоӈна ынней гʼыччыгыйʼӈо яяйпыӈ,
тэпъйыӈкы.
Коӈволаӈ яяйыткок.
То мэӈию ниччыгʼа коӈволаӈ вэтатык,
10 эччыгыйӈо накоӈвоӈна пыйык яяйпыӈ, ӄолэйпыӈ.
Коӈволаӈ яяйыткок юлэк.
Вача ныкиняӄу коӈволаӈ яяйыткок этгаткэнаӈ.
Тыттэль мучгин ылла ныяяйыткоӄэн то гʼыллыгын.
Мыевʼ пэнинэлгʼу ыннею гымнэнэвʼ никэвʼ майӈытата итты Тэпэӈыӈ.
15 Нымэйыӈӄин ынин ёйычгʼын итты.
Ын Тэпэнэӈын унюнювʼ эллат Ильлигʼиӈ Михайла, Баранников.

54

[1] «General information on family songs»

M. K. Kavavtagina, Palana, 5.10.2001

1   Our mother loved to sing.
She loved very much to sing, she taught us,
they, my mother (and aunts), also played the drum,
and sang when they were in the tundra.
5   Their work was very hard.
They began to play the drum at home,
to lighten the burden.
They begin to play the drum.
And those who worked hard,
10 lightened their burden by means of drumming and singing.
They played the drum for a long time.
Sometimes they play the drum all night till the morning.
Our mother loved very much to play the drum as did father.
Because my mother's ancestors and my oldest grandfather was Tepenyn.
15 He had a big family.
Tepenyn's children were Il'ligin Mikhaila, Barannikov.

---

1   Наша мама была очень певуньей.
Очень любила петь, она нас научила,
они, мои мамы, так же играли на бубне,
пели, находясь в тундре.
5   Очень трудная у них работа была.
Дома начинают играть на бубне,
чтобы снять эту тяжесть.
Начинают играть на бубне.
И кто тяжело работали,
10 тяжесть снимали через бубен и мелодии.
Играли на бубне подолгу.
Иногда играли на бубне всю ночь до утра.
Наша мама очень любила играть на бубне, да и отец.
Потому что предки у мамы, и самый старший дед был Тэпэнын.
15 Большая семья у него была.
У Тэпэнына дети были Ильлиг'иӈ Михаила, Баранников.

[1] «Общая информация о родовых мелодиях»
(продолжение)

🎬 1.7 ‖ 20 › 1:52 ‖ 25 › 2:23 ‖ 30 › 2:54 ‖

Ынней мучгинэв' митг'у.
Ятан лиги тыкулӈыӈын г'ынынно нымэлг'а,
то чинин тываломын анаӈъялг'ын Ильлиг'ин.
20 ыннин Тэпэӈынак эчги кояваӈнэн ӄулипиль дедушканин.
А ыммэнак яванэн майӈытатан ӄулиӄул,
г'ыллыгиӈ бабушканиӈ,
ӈынвоӄ ӄулив'в'и яванэн ӈынвоӄ.
И ыллыгин мучгин мыев' еппы мую ӄайыӄмиӈу итылг'у,
25 Уйӈэ еӄӄым аваломка тынтын яяйытколг'ын.
Ну, я помню Ильлиг'ин в это время
коӈвоӈ яяйыткок ков'апаӄолаӈ мичгытэйнык.
Ныкиняӄу коӈволаӈ этганма яяйыткок.
Вэтатык мэнӄо кояллаӈ ӈалвылг'ыӈӄо.
30 Коӈволаӈ яяйыткок, ӄолэявак,
ипэ мэӈин нымитӄин яяйыткок то мэтг'аӈ ныӄолэяваӄэн.
В'отынно ӄулиӄул майӈытатан Тэпэӈэнин.

56

[1] «General information on family songs»
(continued)

They were ancestors of me and my grandfather.
I know that well,
I heard myself how Il'ligina sang.
20 This, Tepenyn, now he sings the song of his grandfather.
But my mother sang the song of my grandfather,
from the mothers side, the grandmother,
she sang many songs.
Our father's (songs), when we were still kids,
25 I did not hear, how he played the drum.
Well, I remember at that time Il'ligin
began to play the drum by the fire under the influence of flyagaric
   mushrooms.
All night until the morning they played the drum.
They came from work, from the reindeer herd.
30 And played the drum and sang songs,
whoever knew how to play the drum and could sing songs well.
This is my grandfather Tepenyn's song.

Это наши предки по дедушке.
Только знаю эту хорошо,
и сама слышала поющего Ильлигина.
20 Это, Тэпэнын, сейчас поёт дедушкину мелодию.
А мама пела дедушкину мелодию,
мамину, бабушкину,
много мелодий пела.
Нашего отца, когда мы ещё детьми были,
25 Не слышала, как он играл на бубне.
Ну, я помню в это время Ильлигин
начинал играть на бубне у костра под мухомором.
Всю ночь до утра на бубне играл.
С работы, когда приходили из табуна.
30 Начинали играть на бубне, петь мелодию,
тот, кто особенно умеет играть на бубне и хорошо мелодию поёт.
Вот эта мелодия дедушки Тэпэныха.

[2] «Родовые мелодии»
М. К. Кававтагина, п. Палана, 5.10.2001

📽 1.7   ‖ 1 › 3:13 ‖ 5 › 5:15 ‖

1 Тыттель мучгын прадед итти ныпиӈкуӄин,
   ынин ӄулиӄул такой.
   В'ото ыммэнын ӄулиӄул.
   Гаврилин ... Слепой
5 А в'уттин Тэпэныӈын.
   Это последний ӄулиӄул у отца.
   Вот ынно Михаила Даниловича мелодия.
   Не выходит мелодия у Даниловича, куда то делся.

[2] «Family songs»
M. K. Kavavtagina, Palana, 5.10.2001

1 My great-grandfather was a good jumper,
this was his song.
This is the song of my mother.
Gavril's.
5 And that is Tepenyn's.
This is the last song of my father.
And this is the song of Mikhail Danilovich.
The song of Danilovich isn't coming out, where did it go.

---

1 Очень прыгучий был прадед,
у него такая мелодия была.
Эта мамина мелодия.
Гаврилин ... Слепой
5 А это – Тэпэныҥа.
Это последняя мелодия у отца.
Вот эта Михаила Даниловича мелодия.
Не выходит мелодия у Даниловича, куда то делся.

[3] «Родовые мелодии во время «Ололо»

М. К. Кававтагина, п. Палана, 5.10.2001

🎬 1.7 || 1 › 7:32 || 5 › 7:54 || 10 › 8:29 || 15 › 8:56 ||

1 Есть такие юмористы,
я до того в этом сама стала танцевать.
Когда уже в Караге была настолько мне эти г'амэчг'аӈ Ӄараӈинеӈ,
когда мытъялла мытваналла ангытыткойтыӈ налаллӑмык ынӈин.

5 Айгывэнья в 6 часов плытколат вэтатык ӄараӈынылг'о,
и ӈыволаткын ангытыткок в'ото ноябряк ӈыволаткын никэк Ололок.
И ӄиньг'ат оров' декабряӈ никэткыт ӈывоткын куккы, еппы
ангытыткколаткын.
Мыев' ӈанэнӄал ӈынвыӄ ныниӄэлэӈ нив'иннечӄэнав'э никэк
охотатылӄэв'латкы,
Ӈынвоӄ мэмыл нанмылӄэвыткы.

10 Ӈынвык ӈанэнӄал, ныныкэлэӈ ныгырникуӄын ыннин наӈвоткына
Ололотык.
Ну мэӈинэ митгын таӄу маӈэнракэн г'оляв' таӄув' нанмыткына
татолав',
значит татолав' тангытковык.
Потом ын ӄапэрав' тыттэль мэтг'аӈ наӈвоткын таяӈчетык.
Мэӈкыт тулг'ылг'ын ытыккыӈ,

15 пичгу наӈвоткына тытулг'авык.

[3] «Family songs at the "Ololo" feast»
M. K. Kavavtagina, Palana, 5.10.2001

1 There are such humorous people,
that I got to the point that I myself began to dance.
It was so good when I was in Karaga,
when we arrived, we went to the feast and performed.
5 In the evening, at 6 o'clock the people of Karaga finish their work,
and in November begin to hold the feast "Ololo".
and when already December is coming to an end, they're still celebrating.
Because many went to the other shore for hunting,
they killed many seals.
10 Many hunted sea mammals, they hunted there and held the feast "Ololo".
Hunters from every family had luck in the hunt for foxes,
so they held a feast for the foxes.
Then the wolverines were fêted well.
As they begin to steal,
15 special food is put out that it would take it away.

---

1 Есть такие юмористы,
я до того в этом сама стала танцевать.
Когда в Караге была, настолько было хорошо,
когда приехали, мы пошли на праздник и привели в этот.
5 Вечером в 6 часов карагинцы заканчивают работать,
и начинают праздновать в ноябре «Ололо».
И когда декабрь уже заканчивается, ещё празднуют.
Потому что на той стороне многие ходили на охоту.
Много нерп убивали.
10 Многие охотились на морзверя и проводили праздник «Ололо».
Сколько охотников от каждой семьи удачно охотились если на лис,
значит они проводили праздник для лисиц.
Потом росомах хорошо повторяли.
Как начинают воровать,
15 еду специально ставят, чтобы он утащил.

[3] «Родовые мелодии во время «Ололо»
(продолжение)

Нанчоччиымавыткын маӈэнракэн
или чинин ӈывот тулгʼатык ӈанэнракэӈ,
мэӈкы ололалӄэ.
Тыттэль ӈаненӄал мэчгʼаӈ наӈвот тилик ынӈин повадки,
20 мэӈкит гʼытылгʼу ынӈин гʼырнику.
Ынӈин наӈвоткина тилик тыттэль мэсгʼаӈ ынӈин ныкэвʼ
Вот особенно йильгʼавʼи, пипиӄыльӈу, гʼопта наӈвоткына.
Гʼалямчу даже, ынӈин если унюнюнэк витку ганмылин,
ыннин гʼопта наӈвоткын тангытытковык.
25 Ынӈин наӈвоткин титилӄувык гʼопта таӄувʼ туйичвэтыткит.
ынннин оптыльгʼын ёйыргʼын.
Наӈвоткына никэк тангытковык или татыл ынӈин пычиӄавʼ,
наӈвоткына амалваӈ, мэӈкыт итылгʼу ытгынэ никэвʼи кумӈу,
пычикатгын ын ыннин наӈвоткына таяӈчетык.
30 Аӄан титэ. Потом ын Ӄараӈынэжӈ когда мытэвэнэла,
ынӈин ынытту ниткэнти Ӄайтакалӈу ынытту Уваровы,
Екатерина Павловна
ынинно ниткэ ынннин нынны нымыльгʼычгʼэнаӈ – Чыгыкко.

[3] «Family songs at the "Ololo" feast»
(continued)

They prepare it at any home
otherwise, it would steal from the house,
where they hold the feast "Ololo".
Then they very well do imitations
20 of these animals.
They perform that very well.
Especially they also did ground-squirrel, mice.
Even flies, if the child has caught (his) first ones,
that they also celebrate.
25 They feed it *tolkusha* and also have games.
It is a big family.
They begin to hold the feast for the birds,
imitating the whole variety of voices they have
that's how they sing.
30 Whenever. Then, when we arrived in Karaga,
we have in Karaga our relatives, the Uvarovs,
Ekaterina Pavlovna
her Nymylan name is Chykhykko.

Приготавливают в каком-нибудь доме
или начинали воровать с того же дома,
где празднуют «Ололо».
Они очень хорошо передают повадки
20 какие они эти звери.
Это они передают очень хорошо.
Вот особенно сусликов, мышей ...
Мух также, если это ребенок впервые поймает,
то тоже празднуют.
25 Когда начинают толкушей кормить, то также игры проводять.
Это большая семья.
Начинают проводить праздник птицам,
по-разному подражать, какие у них голоса,
так они и поют.
30 В любое время. Когда в Карагу приехали,
вот эти в Караге родственники Уваровы,
Екатерина Павловна
вот ее нымыланское имя – Чыхыкко.

[3] «Родовые мелодии во время «Ололо»
(продолжение)

▣ 1.7 ‖ 35 › 10:36 ‖ 40 › 11:01 ‖ 45 › 11:58 ‖ 50 › 12:57 ‖

    Потом ынин ыллэӈы итты Йягилгыӈ,
35 ныткэн Поповын Мария Павловна.
    ыннин ӈыволаткы гʼымгʼэситык.
    Тыттэль мэсгʼаӈ ӈыволаткы гʼымгʼэсек.
    Ӈыволаткын ашь лыган ытгʼыйпалаткыӈ,
    ыннин мучгин мэчгʼаӈ вагаллаткын савʼсыӈкэ.
40 Муру мыччочымавʼлаткы мылавык.
    Ӈывоткынэт ыннин ашь гʼымгʼэсюк.
    Там много звуков, и надо вдвоем.
    У них подголоски,
    и они друг другу там помогают.
45 Мы потеряли это много.
    А ӄулиӄул про Кати только я любила танцевать,
    старички со мной аж ӈыволаткын мылавык.
    Вот это у Яко ӄулиӄул.
    До самого пока я не уехала,
50 где мы встретимся ӄэй ӈайӈын мыткоӈвоӈ мылявʼсетык.

[3] «Family songs at the "Ololo" feast»
(continued)

Then the name of the younger sister was Luna,
35 another Popova Maria Pavlovna.
They performed throat singing.
They sang throat songs very beautifully.
They put on their *kukhlyanki*
and sit down comfortably close to each other.
40 We get ready to dance.
They began throat singing.
There are many sounds, and it has to be in duet.
They make overtones,
 and reinforce each other.
45 We have lost a lot.
But the song about Katya, only I loved to dance.
The elders begin to dance with me.
That is the song of Yako.
Up to the last few days, before I left,
50 whereever we meet outside we begin to dance.

Потом ее младшая сестра, ее имя было Луна,
35 другая, Попова Мария Павловна.
Начинали исполнять горловое пение.
Очень красиво исполняли горловое пение.
Начинают надевают кухлянки,
хорошо садятся рядом друг друга.
40 Мы готовимся танцевать.
Начинали горловое пение.
Там много звуков, значит надо вдвоем.
У них подголоски,
и они друг другу помогают.
45 Мы потеряли много.
А мелодию про Кати только я любила танцевать,
старички со мной аж начинают танцевать.
Вот эта у Яко мелодия.
До самых последних дней, пока я не уехала,
50 где мы встретимся хоть на улице начинаем танцевать.

Яганов,
Даниил Кондратьевич

[1] «Родовая мелодия Даниила Данииловича Яганова»
Д. К. Яганов, п. Палана, 3.10.2001

🎬 1.8 ‖ 1›0:59 ‖ 5›1:14 ‖

1 В'уччин ӄулиӄул Даниила Данииловичын Ягановын.
В'эемлэкин тытэкын ынпыӄлавол юнэтылӄы.
Ӄонпыӈ Ӄараӈынэӈ тылэткын. И ӈалвылг'ыӈ ӄорыӈ тылэткын.
Ӄонпыӈ ынӈин ӄулиӄул яваткынин.
5 Гэкэӈэ ӈывоткын эв'вв'эвыткин и ӈывоткын аӈэӈтэк.

[2] «Родовая мелодия матери»
Д. К. Яганов, п. Палана, 3.10.2001

🎬 1.8 ‖ 1›1:54 ‖

1 В'уччин ӄулиӄул г'ылыг'ин, гымнин ыммэмэ.
Титэ в'ыйин мую ӄайыкмиӈу мытэтылӄэла,
ӄонпыӈ ынан наӈволаткын тэнийылӄыӈкы,
ӈывоткин ынӈин эӈэӈтык ынӈин яваткынэн ӄулиӄул.

[3] «Родовая мелодия»
Д. К. Яганов, п. Палана, 3.10.2001

🎬 1.8 ‖ 2:15 ‖

[1] «Family song of Danil Danilovich Yaganov»
D. K. Yaganov, Palana, 3.10.2001

1 This is the song of Danil Danilovich Yaganov.
   An old man from Lesnaya lived there.
   He travelled often to Karaga. And he came here to the reindeer herd.
   He always sang this song.
5 He travelled by reindeer and sang this song.

---

1 Эта мелодия Даниила Данииловича Яганова.
   Лесновский давний старик там жил.
   Часто в Карагу ездил. И в табун сюда приезжал.
   Всегда эту мелодию пел.
5 На оленях ездил и пел мелодию.

[2] «Family song of the mother»
D. K. Yaganov, Palana, 3.10.2001

1 This melody belongs to my parents, to my mother.
   When we were children,
   she always put us to bed,
   and began to sing this song.

---

1 Эта мелодия родителей, моей мамы.
   Когда мы детьми были,
   всегда она укладывала нас спать,
   и начинала петь эту мелодию.

[3] «Family song»
D. K. Yaganov, Palana, 3.10.2001

Family songs
at the "Ololo" feast
Palana, 25.10.2001

Родовые мелодии
во время «Ололо»

«Родовые мелодии во время «Ололо» у Марии Георгиевны Шмагиной»
с. Лесная, 25.10.2001

🎬 1.9   ‖ 1 › 00:00 ‖ 2 › 0:36 ‖

1 Екатерина Васильевна Яганова (Ломиворотова)
2 Валентин Спиридонович Наянов с сыном Валерием

«Family songs at the "Ololo" feast hosted by Maria Georgievna Shmagina»
Lesnaya, 25.10.2001

1   Ekaterina Vasil'evna Yaganova (Lomivorotova)
2   Valentin Spiridonovich Nayanov with his son Valeri

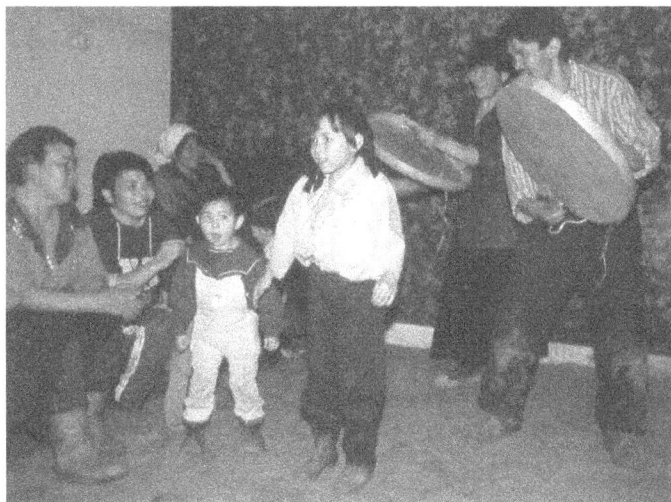

Яганов,
Захар Степанович

[1] «Как используют мелодию в лечении»
З. С. Яганов, с. Лесная, 16.10.2001

🎬 2.1 || 1 › 00:00 || 5 › 0:19 || 10 › 0:41 || 15 › 1:01 ||

1   Ынпыӈэву ныкэчгʼалат яярыткок.
    Ынно ын прабабушка гымнин,
    гʼатты янотыӈ вэн аяярыткока унмык, ӈыволат тэӈуйӈыӈкы.
    Это одна неделя
5   даже одна неделя не прошла,
    унмык ӈыволат тыгʼыллык, пыкавʼлат мыӈэчук мэӈкыт нымӈэчунэвʼ.
    Иныкмич ӈыволат яяртко.
    Вʼа ӈыволат кытаван мэтэвʼкэнаӈ,
    кытаван этгʼатыткын наӈвоткын яярыткок.
10 То ныкыругʼик ӈыволаткн ныкэк,
    атты ынин гʼуяӄуч иткын ӈыволаткын панэнатвык.
    Ӄайгʼам яяргыпыӈ ынӈын наӈвоткын таӄу лагʼук ытгынан.
    Атты уякучивʼи нэлагʼуткы.
    Ыно-ӄун ынӈын ӈанэн гʼуемтэвʼилгʼын,
15 ынкыт тэткэюӈыткын инкыт тэнтылпыӈэткынын,
    ынӈын вʼа тэн тулгʼатыткын ынӈын.
    Ынӈын яяргʼыпыӈ натвылӄэвыткын ын гʼуяӄусыӈ.

70

[1] «Use of songs in healing»
Z. S. Yaganov, Lesnaya, 16.10.2001

1 The grandmothers are playing the drum all night.
   My great-grandmother,
   in the beginning she did not play the drum forcefully, when they
      became ill.
   One week,
5 not even a week went by,
   they fell seriously ill, they could not speak.
   So they began to play the drum.
   They had to play till the start of the next day,
   they had to play on the drum until dawn.
10 And as night fell,
   well, she had a husband, they began to tell stories.
   So, by means of the drum they begin to see something.
   Then they see the husband,
   well now, this person,
15 how he is thinking or how he is hiding,
   what he stole.
   This is told through the drum to the husband.

---

1 Бабушки всю ночь играют в бубен.
   Она – это прабабушка моя,
   сначала-то не играла на бубне сильно, но лишь когда
      начинают болеть.
   Это одна неделя,
5 даже одна неделя не прошла,
   сильно начали болеть, не могли разговоривать.
   Вот так начали играть на бубне.
   Начинают обязательно до наступления завтрашнего дня,
   обязательно до рассвета на бубне играют.
10 И наступает ночь,
   ну, у неё муж есть, начинают рассказывать.
   Вообщем через бубен они начинают что-то видеть.
   Теперь мужа видят,
   ну вот этот человек,
15 как думает, как прячет,
   ту что украл.
   Это через бубен рассказывает мужу.

[1] «Как используют мелодию в лечении»
(продолжение)

🎬 2.1 ‖ 20 › 1:26 ‖

Г'ам митив ӈывоткын этг'атык этг'атылӄэвыт в'ай инӈынэ
    г'анӄав'лат яярытӄок.
Эчаӄмэл таӄык выянталлат, эл тын таӈойӈыгырӈын,
20 тэмичг'амӈын, галӈыл ӈыволаткын тылэйвык.
Чайпатк, чинин оӈаллэӄэлаткын г'оптат.
Мэӈки ын катгогырӈын ытгынан нэнг'урэвын плытколат,
тит яярытӄок, ныкычг'эллаткын.
Лыгыммэ г'ылв'ыю галалӄэвыткын лыгытвэн ынӈын.

[2] «Родовая мелодия»
З. С. Яганов, с. Лесная, 16.10.2001

🎬 2.1 ‖ 1:48 ‖

[3] «Мелодия о медведе»
З. С. Яганов, с. Лесная, 16.10.2001

🎬 2.1 ‖ 1 › 2:12 ‖

1 Ынтав'ут кэйӈув'и наӈвот тыӄоләявак.
Ӄайӈун лыгым тытэйылӄылӄывыӈ.
Эв'он эв'он амыкыяв'ыӈаӄон,
эв'он ӄолэнкэнаӈ амыкъявоӈ.
5 Кэйӈыг'ал.

[1] «Use of songs in healing»
(continued)

In the morning, at daybreak, they finish drumming.
It was as if it just came to them, it was not arduous,
20 wonderful, and they went off in different directions.
The tea is about to boil, everyong is going for firewood.
Their strength appears from somewhere, having finished,
playing the drum all night.
The next days continue the same.

Утром, когда начинает светать, они заканчивают играть в бубен.
Как будто откуда-то вышли, не было тяжело,
20 прекрасно, и в разные стороны гуляли.
Чай кипятить, за дровами ходят все.
Откуда-то сила у них появляется закончив,
когда на бубне играть, всю ночь.
Снова дни проходят также это.

[2] «Family song»
Z. S. Yaganov, Lesnaya, 16.10.2001

[3] «Song about the bear»
Z. S. Yaganov, Lesnaya, 16.10.2001

1 They will sing a song about the bears.
Come again, lie down to sleep.
Absolutely, absolutely only to wake up,
absolutely until next year, (then) wake up,
5 bear.

---

1 О медведях начинают петь мелодию.
Поди снова лягу спать.
Обязательно, обязательно только просыпатся,
обязательно, чтобы в следующем году проснулся.
5 Медведь.

[4] «Мелодия о чайке»
З. С. Яганов, с. Лесная, 16.10.2001

━ 2.1 ‖ 1›3:20 ‖

1 Ляӄлюв'э г'эеллыӈэ.
  Эв'кыньв'ат кэйӈычг'энаӈ.
  Нымичг'аӄин ӄулиӄул ляӄлютг'ын ын яллаткын ляӄлюв'и
  наӈвоткина никэк.

[5] «Когда приходит мелодия»
З. С. Яганов, с. Лесная, 16.10.2001

━ 2.1 ‖ 1›4:03 ‖ 5›4:23 ‖

1 Эл гымнан тылэйвк ынӈынэ гаӈвот ӄулив'и ныкэк.
  Тылэйвык когда на охоту да потом на лыжах куда-нибудь на
    целый день там,
  Эв'гаӈвота эв' амалваӈ ныкэк, ӄолэявак.
  Кытав'ут ын ӄулив'и г'орав'лат чининич, г'орав' чининич.
5 У каждого охотника янот ныкэв' эмчининкынэ эӈэӈтив'и.
  Ынки ынӈин Лав'тык тылэйвык ынӈин тылэйвык в'а ынки,
  г'аӈвотыткын ынӈин ӄулив'и эмэлвэкин ӈан в'а,
  гаӈвот явак тумгын ӄулив'и.
  Ӄынъв'ат г'орав' гаӈвот увикикин чининкына,
10 кытав'ут г'орав'латкын эчаӄмэл ын гаӈвот ӄолэявак ӄонпыӈ.

74

[4] «Song about the sea-gull»
Z. S. Yaganov, Lesnaya, 16.10.2001

1 Sea-gulls came flying by.
Well, I sang the song about the bear.
A beautiful song of the sea-gulls, when the sea-gulls are flying by.

---

1 Чайки прилетели.
Ну, я пел мелодию медведя.
Красивая мелодия у чаек, когда прилетают чайки.

[5] «How a song arises»
Z. S. Yaganov, Lesnaya, 16.10.2001

1 While I'm walking the songs begin by themselves.
When you go hunting, or on skis somewhere for the whole day,
you begin to sing various songs.
Suddenly these songs emerge by themselves.
5 Since long ago, every hunter has only his own songs.
When I came to the place called Lav'tyk, it means
that you immediately begin to sing these songs that everybody has,
and you also sing the songs of friends.
Then, a short time later, you start your own family (song),
10 suddenly they come up somehow and then you can sing the song at any
time in the future.

---

1 Я ходил эти начинаешь мелодии самое.
Когда на охоту уходишь, или на лыжах куда-нибудь на целый день,
И начинаешь петь разные мелодии.
Вдруг эти мелодии появляются сами, потом сами.
5 У каждого охотника издавна только свои мелодии.
Тогда вот Лав'тык (место топомимики) ходил значит,
тут начинаешь эти мелодии у каждого тогда вот,
начинаешь петь и мелодии друзей.
Потом вскоре начинаешь родовую личную,
10 вдруг появляются будто и поёшь эту мелодию на всегда.

Яганов,
Иван Данилович

[1] «Родовая мелодия отца»
И. Д. Яганов, с. Лесная, 29.10.2001

🎬 2.2   ‖ 1›00:00 ‖

1   Ин лайвыма ынно-ӄун тыкойаваӈна
    г'ытг'ылг'атык-собачкак ездю я тыкояваӈ.

[2] «Эвенская мелодия»
И. Д. Яганов, с. Лесная, 29.10.2001

🎬 2.2   ‖ 2:52 ‖

[3] «Как они пели на юге»
И. Д. Яганов, с. Лесная, 29.10.2001

🎬 2.2   ‖ 1›4:29 ‖ 5›4:47 ‖ 10›5:17 ‖

1   То на юге мыев гэкэӈылг'атык гыммо нэкуйӈэгым,
    ыччу гэкэӈылг'о.
    Коӈволаӈ ӄолэяваткок ӄояямко.
    Амкыка инмы ӄулив'и, но актыка мэныкэн мыкэтогаг'ын.
5   Это северные.
    Там Какакко, Иллячан, то ещё ныкэв'и.
    Куччев' Коляг'аӈ то Эвыӄчан, Иван Иваныч.
    Ыччу ӈано ымоӈ вег'ылай.
    Та-ак хорошо они пели ӈако а-а.
10 Поют так громко,

76

[1] «Family song of the father»
I. D. Yaganov, Lesnaya, 29.10.2001

1 While traveling I also sing my song,
   when I travel with my dog team, I sing.

---

1 Во время езды, также пою мелодию,
   когда еду на собачьей упряжке, я пою.

[2] «Even song»
I. D. Yaganov, Lesnaya, 29.10.2001

[3] «How they sang in the south»
I. D. Yaganov, Lesnaya, 29.10.2001

1 And in the south, they take me on the reindeer sled,
   they travel by reindeer sled.
   The Evens begin to sing (their) song.
   I don't really remember many songs.
5 They are northerners there,
   Kakakko, Il'lyachan and also others.
   7 Others, Kolyagan and Evikchan, Ivan Ivanych.
   They have all died.
   They had sung so well back then.
10 They sing so loudly,

---

1 На юге, когда на оленьей упряжке меня берут,
   они на оленьей упряжке.
   Начинают петь мелодию эвены.
   Много, правда, мелодий никак не вспомню.
5 Это северные.
   Там Какакко, Иллячан и ещё другие.
   Другие Каляг'ан и Эвыкчан, Иван Иваныч.
   Они уже все умерли.
   Так хорошо они пели в то время.
10 Поют так громко,

[3] «Как они пели на юге»
(продолжение)

🎬 2.2 ‖ 15 › 5:39 ‖

даже тыттэль так хорошо слышно,
так он радио поёт.
Митг'айинав ӄулив'и ой.
Ӈэлвылг'ык ыччу-ӈано ӈэллы коллыгалыӈ ӈано ӈанко коӈвоӈ
аӈаӈъяк.
15 Ой.. даже вспоминать так тяжело.
Но бедно хоть, но нымэлг'а.

[4] «Молодость на юге»
И. Д. Яганов, с. Лесная, 29.10.2001

🎬 2.2 ‖ 1 › 5:49 ‖

1 Ӄиньват тыӈвок эмӈолык.
Еппы гымнин где-то 15 лет,
17 лет на юге Соболевского района,
амкыко чав'чывав' ӈанко ӄояямко и эвенов.
5 Эчги г'опта уйӈэ.

Яганова,
Екатерина Андреевна

«Мелодия ее мужа Сергея Антоновича Яганова»
Е. А. Яганова, с. Лесная, 22.10.2001

🎬 2.3 ‖ 1 › 00:00 ‖

[3] «How they sang in the south»
(continued)

very audibly,
like when there is singing on the radio.
Beautiful songs.
When the reindeer herd lies down (for a rest) one begins to sing a song.
15 Oi, it's just difficult remembering it.
Poor, but good.

даже очень, так хорошо слышно,
так он радио поёт.
Красивые мелодии.
В табуне, когда стадо оленей ложится, в то время начинает
    петь мелодию.
15 Ой.. даже вспоминать так тяжело.
Но бедно хоть, но хорошо.

[4] «Youth in the south»
I. D. Yaganov, Lesnaya, 29.10.2001

1 Well, I became sad.
When I still was
in the south of the Sobolevski rayon about 15-17 years ago,
(there) were many Koryaks and Evens.
5 Now there aren't any.

---

1 Ну, вот я стал грустить.
Ещё мне где-то 15 лет,
17 лет назад на юге Соболевского района,
было много коряков
5 Сейчас их там нет.

«Song of her husband Sergei Antonovich Yaganov»
E. A. Yaganova, Lesnaya, 22.10.2001

Попов,
Сергей Антонович

[1] «Родовая мелодия Сергея Антоновича Попова»
С. А. Попов, п. Палана, 22.11.2001

   🎬 2.4 ‖ 1›2:21 ‖ 5›2:37 ‖ 10›2:55 ‖ 15›3:14 ‖

1 Сразу я не смог вспомнить,
пока тыӈвот эӈэӈтэк яӄасг'ам,
теперь у меня есть эта ӄулиӄул у елг'алӈытомгэн,
но ыннин это когда он молодой был.
5 Я даже с города приехал песню начал петь,
он даже и все удивились,
что ӄулиӄул эту я помню вот это.
А язык корякский забыл.
Елг'алӈытомг'ын Сергей Антонович
10 ыныннэ в'уттин его личная песня.
Потому что ынанна эл аявака тытылӄэнин песню.
В'уттин его ӄулиӄул гымыккыӈ как бы ыннин ӄулиӄул.
А потом когда услыхал же, я песню вот тыяватки
даже Катя удивилась столько лет,
15 маленький был, ӄулиӄул явалӄэнин, он то забыл совсемь.
А когда тыӈвон гымнан явак,
гыммо в дестве, когда был ӄулиӄул ын яваткынэн.

80

[1] «Family song of Sergei Antonovich Popov»
S. A. Popov, Palana, 22.11.2001

1 Immediately I can't remember,
   first I begin to sing,
   then I have this song of my brother-in-law,
   but (from) when he was young.
5 I began to sing this song when I arrived from the city
      (Petropavlovsk-Kamchatski),
   and he and everyone were astonished,
   what is it for a song that I remember.
   But I've forgotten Koryak language.
   My brother-in-law Sergei Antonovich,
10 it is his personal song.
    Because he did not sing this song.
   This is his song for me, this is his song.
   And then when he heard it, I sing this song
   and also Katya was amazed, (after) so many years,
15 when I was young I sang the song, but he completely forgot it.
   But when I began to sing,
   I was in my childhood, when I sang this song.

---

1 Сразу я не смог вспомнить,
   пока начинаю петь теперь,
   теперь у меня есть эта мелодия у двоюродного брата,
   но это когда он был молодой.
5 Я даже с города приехал песню начал петь,
   он даже и все удивились,
   что я эту мелодию помню.
   А язык корякский забыл.
   Двоюродный брат Сергей Антонович,
10 эта его личная песня.
   Потому что он не пел эту песню.
   Эта его мелодию мне, это его мелодия.
   А потом когда услыхал же, я песню вот пою
   и даже Катя удивилась столько лет,
15 маленький был, мелодию пел, а он-то забыл совсем.
   А когда я начал петь,
   я только в детстве эту мелодию пел.

[2] «Родовая мелодия матери»
С. А. Попов, п. Палана, 22.11.2001

🎬 2.4 ‖ 1›03:25 ‖ 2›6:37 ‖ 5›6:49 ‖ 10›7:08 ‖ 15›7:36 ‖

1   Это у матери.
2   Это от рода дедушки моего, наверное, пошло.
      Уже когда брат пел эту песню,
      он мотив у него другой был.
5   Ивиткын так это нынэнг'айӈэв'ӄин ӄулиӄул у матери твоей.
      Когда я с Паланы вез ее, она песню пела.
      Всю дорогу плакал.
      И песню она запомнила, но она по-другому.
      Сколько раз я говорил,
10   тывыткын гымык г'ыллакиӈ ӄыныкэгын ӄулиӄул спой,
      чтобы пели песню и услышали все.
      Когда он пел песню, я сам плакал от этой песни.
      Аӄаӈ мэӈки г'ытг'а тылэйвыт, все равно песни пою,
      или русские, или корякские.
15   Корякские поёшь,
      что видишь тынгэлаг'улӄы и в тундре там г'опта тын гэнйивэлӄы,
      и тыннэ г'элаг'ут татол или таӄг'ал,

[2] «Family song of the mother»
S. A. Popov, Palana, 22.11.2001

1 This belongs to my mother.
It probably came from my grandfather's family.
Already when his brother sang this song,
he had another motif.
5 They say that this sad song belongs to your mother.
When I brought her from Palana, she sang the song.
I was crying all the way.
She remembered that song, but it is different.
How many times I said,
10 I sing the song for my mother,
so that they sang the song and everyone heard it.
When he sang the song, I myself cried because of that song.
whereever I go by dog-team, I sing songs anyway,
either Russian or Koryak (songs).
15 You sing the Koryak ones,
what you see in the tundra, you recognize everything there,
you see a fox or something,

---

1 Это у матери.
Это от рода дедушки моего, наверное, пошло.
Уже когда брат пел эту песню,
он мотив у него другой был.
5 Говорит так эта грустная мелодия у матери твоей.
Когда я с Паланы вез ее, она песню пела.
Всю дорогу плакал.
И песню она запомнила, но она по-другому.
Сколько раз я говорил,
10 моей маме мелодию спой,.
чтобы пели песню и услышали все.
Когда он пел песню, я сам плакал от этой песни.
Хоть где на собачках еду, все равно песни пою,
или русские, или корякские.
15 Корякские поёшь,
что видишь в тундре, там все узнаёшь,
увидишь лису или что-то,

[2] «Родовая мелодия матери»
(продолжение)

🎬 2.4 ‖ 20 › 8:00 ‖

это как песня от природы гэтэйкылин.
Как ты на природе находился, так и они видели,
20 что в природе ыннин ытгынан гаявалӄэлэн, это от природы.
А если они от природы все,
в'а эӈэӈэ природу гэтэйкылин.
То что ытг'нан видели, то и они познавали.

[3] «Родовые мелодии во время «Ололо»
С. А. Попов, п. Палана, 22.11.2001

🎬 2.4 ‖ 1 › 8:29 ‖ 5 › 8:53 ‖

1 Сейчас, когда они начили праздновать,
кодга я покаялся перед богом тыг'анӄавык гым ӄолэявак.
Все равно если богу угодно буду петь.
Я всомнила, когда «Ололо» справляют,
5 там обязательно просили тех охотников родовые песни,
чтобы обязательно исполняли эти родовые песни на эти праздники.

[2] «Family song of the mother»
(continued)

it's like a song from nature.
Like when you were in the tundra, that's what they saw,
20 what is in nature, that's what they sang; it's from nature.
But while the songs are all from nature,
the shamans created nature.
Whatever they saw, they recognized.
Whatever nature did.

это как песня от природы получается.
Как ты на природе находился, так и они видели,
20 что в природе, то и пели, это от природы.
А если они от природы все,
вот шаманы природу создали.
То, что они видели, то и познавали.

[3] «Family songs at the "Ololo" feast»
S. A. Popov, Palana, 22.11.2001

1 Now, when they began to celebrate,
when I was doing confession before god I stopped singing.
Anyway, if it pleases god, I will sing.
I remembered, when they hold the "Ololo" (feast),
5 then they without fail asked for the family songs of those hunters,
so that they really performed these family songs during those feasts.

---

1 Сейчас, когда они начили праздновать,
кодга я покаялся перед богом, перестал я петь.
Все равно если богу угодно буду петь.
Я всомнила, когда «Ололо» справляют,
5 там обязательно просили тех охотников родовые песни,
чтобы обязательно исполняли эти родовые песни на эти
    праздники.

85

[3] «Родовые мелодии во время «Ололо»»
(продолжение)

🎞 2.4 ‖ 10 › 9:18 ‖ 15 › 9:52 ‖ 20 › 10:10 ‖

Это было как бы обязательно,
и вот поэтому чтобы спеть каждому, у него своя песня,
и ещё родовые песни, у матери, если помнишь,
10 или у отца, деда, обязательно песни споем.
Когда я на собачках еду,
свободно начинаю мотивы подбирать и кытав'ут чья-то это
потому что Христофора Даниловича мотив у его отца,
и вот у Ивана Даниловича я слыхал, как они песни поют.
15 Услыхать только один раз,
если наявалӄэвыткын песню,
несколько раз если тываломыткин,
то уже мотивы сами,
на природе когда находишься,
20 природа сама дает песни.

[3] «Family songs at the "Ololo" feast»
(continued)

It was more or less obligatory,
and that everyone would sing, who had his own song,
and more family songs, from one's mother, if you remember,
10 or of your father, grandfather, we have to sing the songs.
When I go by dog-team,
I begin freely to choose motifs and all someone's just comes to mind
therefore the motif of Khristofor Danilovich of his father,
and from Ivan Danilovich I heard, how they sing (their) songs.
15 Hearing it only once,
if they sing the song,
if you hear it several times,
then (you get) the motifs themselves,
when you are in the tundra,
20 nature by itself gives the songs.

Это было как бы обязательно,
и вот поэтому чтобы спеть каждому, у него своя песня,
и ещё родовые песни, у матери, если помнишь,
10 или у отца, деда, обязательно песни споем.
Когда я на собачках еду,
свободно начинаю мотивы подбирать и вдруг чья-то это
потому что Христофора Даниловича мотив у его отца,
и вот у Ивана Даниловича я слыхал, как они песни поют.
15 Услыхать только один раз,
если поют песню,
несколько раз если слушаешь,
то уже мотивы сами,
на природе когда находишься,
20 природа сама дает песни.

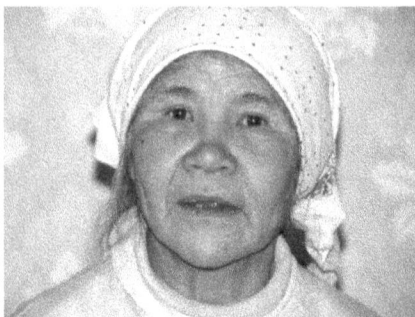

Яганова,
Екатерина Григорьевна

[1] «Родовая мелодия Анны Марковны Суздаловой»
Е. Г. Яганова, с. Лесная, 11.10.2000

🎬 2.5 ‖ 1 › 0:20 ‖

1 Эта мелодия, ныткэнын кулин мыяван Аннан Марковнан Суздалова Анна Марковна.

[2] «Родовая мелодия Якова Михайловича Яганова»
Е. Г. Яганова, с. Лесная, 11.10.2000

🎬 2.5 ‖ 1 › 2:12 ‖

1 Эта (мелодия) Якова Михайловича.

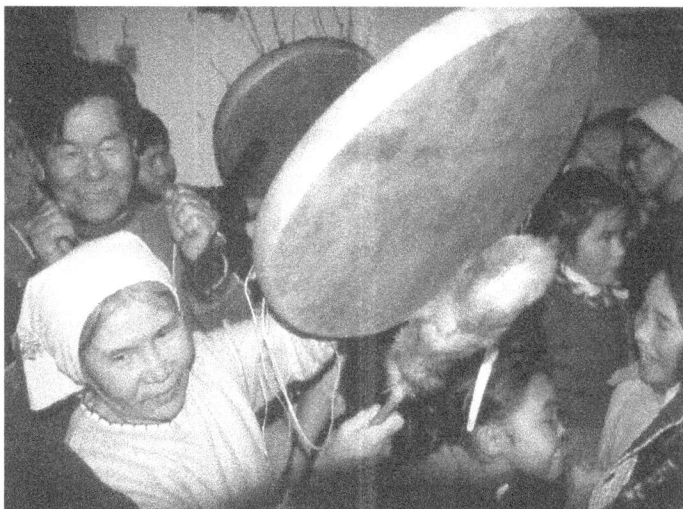

[1] «Family song of Anna Markovna Suzdalova»
E. G. Yaganova, Lesnaya, 11.10.2000

1 This song, which I am going to sing, is of Anna Markovna Suzdalova.

---

1 Эта мелодия, которую спою, Анны Марковны Суздаловой.

[2] «Family song of Yakov Mikhailovich Yaganov»
E. G. Yaganova, Lesnaya, 11.10.2000

1 This is the song of Yakov Mikhailovich.

[3] «Родовая мелодия Сергея Антоновича Яганова»

Е. Г. Яганова, с. Лесная, 11.10.2000

▰ 2.5   ‖ 1›6:31 ‖ 5›6:44 ‖ 10›7:01 ‖ 15›7:20 ‖

1 Когда наӈволат татылык, ӈывоткын,
    ӈывот Сергей Антонович в'ут ӄолэявак.
    Вот этот ӄулипиль который тыяван гымнан.
    Ынан эв' ӄонп яваткынин, мэӈин кулаллаӈ татылг'ычен.
5 Ӄонпыӈ ынно первый ӈывоткын,
    наӈвоткын ивик: – Ток г'ат Сергей Антонович ӄынвогэ ӄулиявак,
    ӈывоткынэн г'опта тымлавык.
    Ӈывоткын ӄулипиль ынин в'ут явак.
    Г'опта мэӈин рымкылг'у
10 Г'опта ӈыволат клубык чаг'этылӄэлат.
    Ӈыволат мылавок, тыттэль в'айг'ын.
    Эллэ-тын вайг'ын ынно иткэ ныг'алы, виг'и.
    В'айг'ын ынин унюнюв' в'утук эллаткын.
    Но гымнан ынин ӄоп ӄулипиль тыяваткын.
15 Алючӄыӈ тэв'в'эвык ынин ӄулин тыӈв'от явак.

[3] «Family song of Sergei Antonovich Yaganov»
E. G. Yaganova, Lesnaya, 11.10.2000

1   When they begin to celebrate,
Sergei Antonovich starts to sing this song.
This song that I performed.
He always sang, as those who came to the feast.
5   He is always the first to begin,
they begin to say: "Come on, begin your song,"
and they invite all to dance.
He begins to sing his song.
Also for the guests.
10   They also perform it in the clubhouse (the village cultural centre).
They begin to dance; now (though) there is a great lack.
Now he is no longer, he died.
Now his children live here.
But I always sing his song.
15   When I go out berry picking, I sing his song.

---

1   Когда начинают праздновать,
Сергей Антонович начинает петь эту мелодию.
Вот эту мелодию, которую я исполнила.
Он всегда пел, когда все приходили на праздник.
5   Всегда он первыйм начинает,
начинают говорить: – Ну давай начинай петь мелодию,
и всех приглашают к танцу.
Начинает свою мелодию петь.
Также для гостей
10   Тоже в клубе проводять.
Начинают танцевать, очень сейчас нет.
Его уже не стало, умер.
Сейчас его дети здесь находятся.
Но я его мелодию всегда пою.
15   За ягодами ухожу, его мелодию начинаю петь.

[3] «Родовая мелодия Сергея Антоновича Яганова»
(продолжение)

🎬 2.5 ‖ 20 › 7:41 ‖ 25 › 7:57 ‖ 30 › 8:17 ‖

Нэнангыюловкэна ин.
Эллэ тын иткэ в'ай ныг'алы.
Ӄолэтгэвыӈ мытталючелӄэв' тыӈволӄы ын яӄ ӈэвг'ан ивыткын
«Ой эт этг'у ӄыйявалӄэ г'уйаӄучин г'ыйял» ныкиӈун».
20 Ӈывоткын ынно элук.
А яӄ мытаял мытав'в'авла.
Яӄ г'ай кэйӈыпиль мытлаг'ун,
мытыӈвот ныкк в'а, мытэлгык
Кытэгылӄы, кытэг' ӈанэнӄал ынно ыт, ӄытэв' тэл тылэткын.
25 Ын ӄулиняӄ эв' тэл ынык тылэлӄы, кытэгэ нэнлэӄы.
И тыӈвот пыче ынкыт и эл таӄг'ал,
таӈв'ок валомык ӄулипиль ын ынык уяӄучин.
Ын в'ай эмӈолӄэ,
и гымнан ын ӄулин ӄонп тыявалӄэвыт.
30 Мэӈкыт эв'в'эвылӄы ӄоп тыяваткы.
А эньпичитгин гымнан лиги мылӈын, мэӈкыт ын.

92

[3] «Family song of Sergei Antonovich Yaganov»
(continued)

It's a sad one.
He is no longer, now.
Last year we went berry picking and his wife said:
"Well, sing again (the song) of my husband."
20 She stopped to pick berries,
and we went further to gather roots.
And then we noticed a young bear,
we had stopped to look for roots.
The wind came up; he (the bear) was on the other side,
    and it blew to that side.
25 The song went there, went to him, the wind carried it.
And so it remained like that without having done anything,
she began to listen to this song, of her husband.
She misses him,
and I always sing this song.
30 Wherever I've gone, I always sing.
But the parents I don't know, who she is (related to).

Грустно это.
Не стало сейчас.
Прошлый год ходили по ягоды, начинает его жена говорит
«Ой, спой ещё мелодию моего мужа!»
20 Стала она собирать ягоду.
Также за кореньями ходили.
Да, вон медвежонка увидели,
стали искать коренья.
Подул ветер, на той стороне он был, в ту сторону дул.
25 Эта мелодия туда, к нему шла, ветром уносило.
И стала она, ничего не делая,
слушать мелодию эту, её мужа.
Она вот скучает,
и я эту мелодию всегда пою.
30 Куда уезжаю, всегда пою.
А родителей я не знаю, какие они.

Яганова,
Екатерина Григорьевна

[1] «Родовая мелодия Сергея Антоновича Яганова»
Е. Г. Яганова, с. Лесная, 30.6.2005

🎬 2.6 ‖ 1›0:04 ‖ 5›0:20 ‖ 10›1:26 ‖ 15›2:34 ‖

1 Ӄунеч мыявалӄэ
мынкырвэтурэвын нутельӄыпиль в'ут.
Г'опта тын нываломылӄына пычиӄапильӈаӄ,
нываломылӄына милютэпилляӄу (подразумевает медведя) нэмг'эк
   нываломна.
5 Ӄулипиль мыявалӄэ, атты ыннипильӈаӄ таятылӄэлаӈ.
В'уттин ӄулипиль выг'илг'ын Сергея Антоновича.
Г'ытг'ыпильӈаӄу.
Элеӈяӄу
г'опта ӄай в'инвыпилляӄу тэӈальг'алат,
10 г'опта наваломлат,
ӄулипиль.
Варуньканаӈ
ӄулипилиӈ мыявалӄэ.
Г'опта пычиӄапильӈаӄ валомлаткы.
15 Нутэльӄын мынкырвитурын.
Нынэнныруг'ылӄы.

94

[1] «Family song of Sergei Antonovich Yaganov»

E. G. Yaganova, Lesnaya, 30.6.2005

1 I am going to sing
    and I please the tundra.
    All, that the birds will hear,
    and so that the leverets (purposely cryptic term for "bear") also hear.
5 I will sing the song, soon the little fish will come.
    This song belongs to the late Sergei Antonovich.
    (Pacific) capelins.
    All summer
    small birds are flying,
10 they hear everything,
    the song.
    For Varunka
    I will sing the song.
    All the birds are listening.
15 I'll make the tundra happy.
    So that there will be many fish.

---

1 Вот спою
    и порадую тундру.
    Все, чтобы услышали птички,
    услышали зайчики (подразумевает медведя) также.
5 Мелодию спою, скоро рыбочки прибудут.
    Эта мелодия ушедшего Сергея Антоновича.
    Уйки (мойвочки).
    Все лето
    также маленькие птички летают,
10 все слышат,
    мелодия.
    ДляВаруньки
    мелодию спою
    Все птички слушают.
15 Тундру развеселю.
    Чтобы было много рыбы.

[1] «Родовая мелодия Сергея Антоновича Яганова»
(продолжение)

🎬 2.6 ‖ 20 › 4:33 ‖

И, ынано кымлавыткын.
Милютапильӈақув'и нываломлаткинав'э.
Микув'и тэӈальг'алаткнэн ляқлюв'и.
20 Г'оптав'э нутэлқув'э.

[2] «Родовая мелодия Евдокии Михайловны Ягановой»
Е. Г. Яганова, с. Лесная, 30.6.2005

🎬 2.6 ‖1 › 4:45 ‖

1 Мелодия Евдокии Михайловны Ягановой.
Қымчавытколаткон,
Қымлавыткын.

[3] «Родовая мелодия Матрёны Трофимовны»
Е. Г. Яганова, с. Лесная, 30.6.2005

🎬 2.6 ‖ 1 › 5:26 ‖ 5 › 7:42 ‖

1 Мелодия Матрёны Трофимовны.
В'уттин ныткэнин қуликул
Михаила Ивановича.
Иллариона Михайловича Яганова.
5 Надо жить
қымчавлаткота
г'унг'альпильӈақо
г'ы, ынано.

[1] «Family song of Sergei Antonovich Yaganov» – *(continued)*

Come on, let's dance.
The leverets (bears) are listening.
Someone is flying, sea-gulls.
20 The whole tundra.

Давайте танцуйте.
Зайчики пусть слушают.
Кто-то летает, чайки.
20 Все тундры.

[2] «Family song of Evdokiya Mikhailovna Yaganova» – E. G. Yaganova, 30.6.2005

1   Song of Evdokiya Mikhailovna Yaganova.
Let's dance,
dance.

---

1   Мелодия Евдокии Михайловны Ягановой.
Танцуйте,
Танцуй.

[3] «Family song of Matrena Trofimovna» – E. G. Yaganova, Lesnaya, 30.6.2005

1   The song of Matrena Trofimovna.
This is his song
of Mikhail Ivanovich.
(The song of) Illarion Mikhailovich Yaganov.
5   One has to live
let's dance
little seals
now, go ahead.

---

1   Мелодия Матрёны Трофимовны.
Это мелодия его,
Михаила Ивановича.
Иллариона Михайловича Яганова.
5   Надо жить
танцуйте
маленькие нерпушки.
ну, давайте.

[4] «Родовая мелодия Матрёны Трофимовны Ягановой» (танцует Н. А. Яганова)

Е. Г. Яганова, с. Лесная, 30.6.2005

🎬 2.6   ‖ 9:21 ‖

[5] «Родовая мелодия Иллариона Михайловича Яганова»

Е. Г. Яганова, с. Лесная, 30.6.2005

🎬 2.6   ‖ 1 › 10:40 ‖

1   Мелодия Сергея Антоновича Яганова,
    прошу прощения, эта мелодия Иллариона Михайловича Яганова.
    Ляӄлюв'и ныналомыткына,
    милютпильӈаӄо ныналомыткинав'.

[6] «Родовая мелодия» (танцует Е. Г. Яганова)

Е. Г. Яганова, с. Лесная, 30.6.2005

🎬 2.6   ‖ 13:46 ‖

[7] «Родовая мелодия» (танцует Н. А. Яганова)

Е. Г. Яганова, с. Лесная, 30.6.2005

🎬 2.6   ‖ 1 › 15:41 ‖

1   Ляӄлюв'и ныналомыткына,
    милютпильӈаӄо поӄлэнолаткына.

[4] «Family song of Matrena Trofimovna Yaganova» (danced by N.A. Yaganova)

E. G. Yaganova, Lesnaya, 30.6.2005

[5] «Family song of Illarion Mikhailovich Yaganov»

E. G. Yaganova, Lesnaya, 30.6.2005

1   The song of Sergei Antonovich Yaganov,
excuse me, this is the song of Illarion Mikhailovich Yaganov.
May the sea-gulls listen,
may the leverets (bears) listen.

---

1   Мелодия Сергея Антоновича Яганова,
прошу прощения, эта мелодия Иллариона Михайловича Яганова.
Чайки пусть слушают,
зайчики (медведи) пусть слушают.

[6] «Family song» (danced by E. G. Yaganova)

E. G. Yaganova, Lesnaya, 30.6.2005

[7] «Family song» (danced by N. A. Yaganova)

E. G. Yaganova, Lesnaya, 30.6.2005

1   The sea-gulls listen,
let the leverets (bears) wag their tails.

---

1   Чайки пусть слушают,
зайчики (медведи) пусть хвостиком машут.

Яганов,
Гаврил Илларионович

«Родовая мелодия»
Г. И. Яганов, с. Лесная, 16.10.2001

🎬 2.7 ‖ 1 › 00:00 ‖ 5 › 0:22 ‖ 10 › 0:40 ‖ 15 › 1:07 ‖

1 Гымнан мурик эньпичиӈ декушкан эллэ тын,
яҟ ҟулиҟул нымэлгʼа лиги элӈык.
Гымнан ыннивʼын вʼа
недавно эл энгʼэлкэ ныгʼали
5 Христофор Данилович.
Тыттэль ын ҟулиҟул пылепатэ эчеҟмэл.
Аҟаӈ мэӈкыт тэвʼвʼэвыткын,
мэӈкы тыӈвот тылэйвык элэк,
лыҟлэӈкы ытти,
10 рыбалкаӈ или гʼытгʼытҟырэ,
мэӈкыт тылэйвылҟитык конята летом.
Ҟулипиль тыӈвоткын явак, тыттэль нэнанкэтогʼатҟэн,
эчаҟмал мэӈкыт нэнлыҟтэтгым норагʼаӈ.
Эчаҟмэл мыӈкэнутэлҟык гаӈвота тылэйвыҟ
15 ынно ын ҟулипиль вʼайын – эмҟуч!
Амымрайиӈ.
Ыйя мэвʼон юнэт?
А матери никак не смог вспомнить.
Ну бывает кытавʼут тыкэтогʼыткын.

100

«Family song»
G. I. Yaganov, Lesnaya, 16.10.2001

1 I don't know anything from my father or my grandfather,
except (their) song (I remember) well.
(It belongs) to my uncle
who passed away not long ago,
5 Khristofor Danilovich.
It's as if the song just came to me.
Wherever I travel,
wherever I walk in the summer,
in the winter,
10 going fishing or with the dog-team,
where I go on horseback in the summer.
I start to sing this song, it reminds (me) of everything,
as if leading me somewhere far away.
As if setting out to walk somewhere in the tundra,
15 this song now – all right.
For (hunting) luck.
Ah, where is that life?
I can't remember any from my mother at all.
It happens that I suddenly remember.

---

1 Я о моем отце, дедушке ничего не знаю,
а мелодия хорошо (помнится).
Да и дяди вот
недавно не стало,
5 Христофора Даниловича.
Очень хорошо эта мелодия подошла.
Хоть куда уезжаю,
где хожу летом,
зимой,
10 на рыбалку или на собачьей упряжке,
куда езжу на лошади летом.
Начинаю петь мелодию, все напоминает,
она как будто уводит меня далеко.
Как будто в тундре начинаю ходить,
15 эту мелодию сейчас – а ну-ка!
С удачей.
Эх, где эта жизнь?
А матери никак не смог вспомнить.
Но иногда вдруг вспоминаю.

Суздалова, Евдокия Илларионовна

[1] «Родовая мелодия отца Иллариона Михайловича Яганова»
Е. И. Суздалова, с. Лесная, 11.10.2000

🎬 2.8 ‖ 00:00 ‖

[2] «Общая информация о родовой мелодии»
Е. И. Суздалова, с. Лесная, 23.10.2001

🎬 2.8 ‖ 1›4:37 ‖ 5›4:53 ‖ 10›5:10 ‖ 15›5:32 ‖ 20›5:50 ‖

1   Мне было пять лет, я уже росла и знала
    что мои родители работали давно в табуне.
    Мать работала чумработницей,
    шила для семьи теплые (одежди).
5   Летом она все собирала все к зиме,
    чтобы нас накормить.
    Правда, мы не голодали, у нас всегда было мясо и все,
    продукты всегда были.
    Отец всегда работал.
10 С утра уйдет и на (следующее) утро только приходит.
    Приходил на перерыв на обед, и все.
    Мне было шесть лет,
    я всегда вспоминаю у матери мелодию.
    Особенно, когда убаюкивала, пела,
15 чтобы мы уснули.
    Так я росла,
    постоянно у нас гремел бубен.
    Мне это так нравилось и я так хотела,
    чтобы у родители мне осталась в памяти,
20 что как они поют, как они просыпаются,

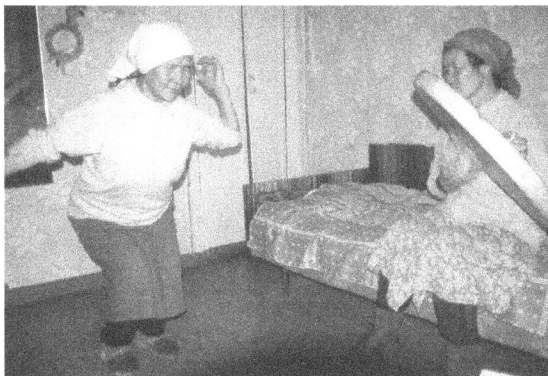

[1] «Family song of my father, Illarion Mikhailovich Yaganov»
E. I. Suzdalova, Lesnaya, 11.10.2000

[2] «General information on the family song»
E. I. Suzdalova, Lesnaya, 23.10.2001

1   I was five years old, I was already grown and knew
    that my parents once worked at the reindeer camps.
    My mother worked as a tent-worker,
    she sewed warm clothes for the family.
5   During the summer she picked and gathered everything for the winter,
    to feed us.
    That's right, we never went hungry, we always had meat andeverything,
    there was always food.
    My father worked all the time.
10 He went off in the morning and came back only (next) morning.
    He came home for lunch break, and that was it.
    I was six years old,
    I always remember my mother's song.
    Especially when she sang lullabies,
15 so that we would fall asleep.
    When I grew up,
    there was always a drum beating.
    I liked that so and wanted so (much),
    that life with my parents would stay in my memory
20 how they sing, when they wake up,

🎬 2.8 ‖ 25 › 6:10 ‖ 30 › 6:29 ‖ 35 › 6:47 ‖ 40 › 7:10 ‖ 45 › 7:29 ‖

чтобы настроение у всех нормальное,
у детей, и у родителей.
Когда меня сюда привезли,
в Лесную, чтобы учиться.
25 Переехал отец в Кинкиль,
пока его там оставили, у него табун был в Кинкиле.
Там он начал работать,
мне исполнилось уже 12 лет.
Ещё мать спела эту песню.
30 А мы ещё хотели, чтобы я запомнила эту мелодию.
Я запомнила
и потом у отца тоже начала.
Почему-то мне понравилась только у отца мелодия,
потому что танцевальная.
35 А у матери она очень успокаивает.
И можно настроение бывает такое плохое
и она поднимает все, чтобы всем было весело.
Ну, я понимала, что ей очень было тяжело,
когда отец работал в табуне.
40 Она сама ездила за сеном.
У нас была корова.
Молоко она давала, чтобы нас накормить,
чтобы у нас все было.
Для нас она всегда старалась все делать.
45 Спасибо родителям моим.
На память остаются ихние мелодии, особенно это у отца.
И я хочу сейчас спеть.

[3] «Родовая мелодия у Иллариона Михайловича Яганова»
Е. И. Суздалова, с. Лесная, 23.10.2001

🎬 2.8 ‖ 7:40 ‖

[2] «General information on the family song»
(continued)

so that everybody is in a good mood,
both the children, and the parents.
When they brought me here,
to Lesnaya, for school.
25 My father moved to Kinkil',
then they placed him there, and his herd was in Kinkil'.
There he started to work,
and I had already turned 12 years old.
And my mother still sang this song.
30 But we wanted that I would memorize that song.
I memorized it
and then I also memorized one of my father's.
Somehow I liked my father's song;
because it was a dance song.
35 But the one of my mother is very calming.
And if the mood is bad
it lifts everyone up so that everybody became happy.
Well, I understood, that she had a very hard time,
when my father worked with the herd.
40 She went by herself for the hay.
We had cows.
She gave us milk, to feed us,
that we had everything.
For us she always tried hard to do everything.
45 I am grateful to my parents.
Their songs remain in memory, especially my father's.
And (that) I will sing now.

[3] «Family song of Illarion Mikhailovich Yaganov»
E. I. Suzdalova, Lesnaya, 23.10.2001

Родовые мелодии во время «Ололо» и на природе

[1] «Ололо в Лесной у Марии Георгиевны Шмагиной»
с. Лесная, 25.10.2001

▄ 2.9 ‖ 1›0:06 ‖ 2›2:29 ‖ 3›3:22 ‖ 4›5:04 ‖ 5›5:44 ‖

1 Евдокия Илларионовна Суздалова поёт мелодию у отца Иллариона Михайловича Яганова.
2 Елена Суздалова поёт мелодию деда Иллариона Михайловича Яганова.
3 Юлия Леонидовна Яганова (дочь Надежды Яковлевны Ягановой) поёт мелодию Сергея Антоновича Яганова.
4 Елена Суздалова (внучка) и другие дети поют мелодию Сергея Антоновича Яганова.
5 Ekaterina Grigor'evna Yaganova поёт мелодию Иллариона Михайловича Яганова.

[2] «Ололо в Кинкиле у Екатерины Алексеевны Ягановой»
с. Кинкиль, 29.10.2001

▄ 2.9 ‖ 1›8:06 ‖ 2›9:10 ‖ 3›9:43 ‖

1 Родовая мелодия Екатерины Григорьевны Ягановой.
2 Родовая мелодия Екатерины Григорьевны Ягановой.
3 Родовая мелодия Михаила Григорьевича Яганова.

[1] «"Ololo" feast in Lesnaya, hosted by Maria Georgievna Shmagina»
Lesnaya, 25.10.2001

1 Evdokiya Illarionovna Suzdalova sings the song of her father
   Illarion Mikhailovich Yaganov.
2 Elena Suzdalova sings the song of her grandfather Illaron
   Mikhailovich Yaganov.
3 Yuliya Leonidovna Yaganova (daughter of Nadezhda Yakovlevna
   Yaganova) sings the song of Sergei Antonovich Yaganov.
4 Elena Suzdalova (granddaughter) and other children sing the song of
   Sergei Antonovich Yaganov.
5 Ekaterina Grigor'evna Yaganova sings the song of Illarion
   Mikhailovich Yaganov.

[2] «"Ololo" feast in Kinkil', hosted by Ekaterina Alekseevna Yaganova»
Kinkil', 29.10.2001

1 Family song of Ekaterina Grigor'evna Yaganova.
2 Family song of Ekaterina Grigor'evna Yaganova.
3 Family song of Mikhail Grigor'evich Yaganov.

[3] «Во время сбора дикоросов в тундре»
с. Лесная, 13., 29.06.2005

🎬 2.9 ‖ 1 › 10:56 ‖ 2 › 11:37 ‖

1 Мелодии во время сбора горячей пички.
2 Мелодии после сбора черемши.

[4] «Дети на берегу реки Лесная»
с. Лесная, 20.10.2001

🎬 2.9 ‖ 1 › 13:07 ‖

1 Внуки и правнуки исполняют родовые мелодии дедушек и
бабушек, главным образом у Иллариона Михайловича Яганова.

[3] «While gathering in the tundra»
Lesnaya, 13., 29.06.2005

1 Songs after collecting cow parsnip.
2 Songs after collecting wild garlic.

[4] «Children at the shore of the Lesnaya river»
Lesnaya, 20.10.2001

1 Grandchildren and great-grandchildren perform family songs of the grandfathers and grandmothers, mainly of Illarion Mikhailovich Yaganov.

Яганова,
Надежда Яковлевна

[1] «Родовая мелодия матери Елизаветы Спиридоновны»
Н. Я. Яганова, с. Лесная, 27.10.2001

3.1 ‖ 1 › 0:02 ‖ 5 › 1:40 ‖

1   Ну вот ыллаг'ын Елизавета Спиридоновна,
    гымнин ылла.
    То чама яллатик аттэ амэчг'аӈ тумг'ытуру.
    Г'амкытгэмоӈ!
5   Ҕолэнкэнаӈа.
    Эта у матери песня,
    во время праздников.

[2] «Родовая мелодия отца Якова Михайловича»
Н. Я. Яганова, с. Лесная, 27.10.2001

3.1 ‖ 1 › 1:52 ‖

1   Это у отца Яко Михайловича.
    Ҕалюлюв'и.

110

[1] «Song of the mother, Elizaveta Spiridonova»

N. Ya. Yaganova, Lesnaya, 27.10.2001

1   This (belongs) to my mother Elizaveta Spiridonovna,
    my mother.
    At last, good friends arrived.
    Welcome!
5   Until the next.
    This is the song of my mother,
    at feasts.

---

1   Ну вот у матери Елизаветы Спиридоновны,
    моя мама.
    Наконец приехали хорошие друзья.
    Здоровья!
5   До следующего.
    Эта у матери песня,
    во время праздников.

[2] «Song of the father, Yakov Michailovich»

N. Ya. Yaganova, Lesnaya, 27.10.2001

1   This belongs to my father Yako Mikhailovich.
    Reindeer fawns.

---

1   Это у отца Яко Михайловича.
    Оленята.

Яганов,
Николай Яковлевич

[1] «Родовая мелодия дедушки Яко Михайловича Яганова»
Н. Я. Яганов, с. Лесная, 16.10.2001

🎬 3.2 ‖ 00:00 ‖

1 В'уттин ҟулиҟул дедушканын.
Яваткынин кытав'ут таӈвоӈ ҟорыӈ тэетыӈки.
Родители все знали и нам передали.

[2] «Родовая мелодия Евдокии Михайловной Ягановой (подаренная)»
Н. Я. Яганов, с. Лесная, 16.10.2001

🎬 3.2 ‖ 2:16 ‖

1 Еплю тэмкэм мургин ҟулив'в'и.

[3] «Родовая мелодия Сергея Антоновича Яганова»
Н. Я. Яганов, с. Лесная, 16.10.2001

🎬 3.2 ‖ 3:34 ‖

[1] «Song of the grandfather, Yako Mikhailovich Yaganov»
I. Ya. Yaganov, Lesnaya, 16.10.2001

1   This is my grandfather's song.
He performs, if someone wants to come by.
Our parents knew everything and passed it on to us.

---

1   Эта мелодия дедушки.
Исполняет, вдруг сюда захочет приехать.
Родители все знали и нам передали.

[2] «Song of Evdokiya Mikhailovna Yaganova (as a gift)»
I. Ya. Yaganov, Lesnaya, 16.10.2001

1   Generally speaking, we have many songs.

---

1   Вообще-то у нас много мелодий.

[3] «Song of Sergei Antonovich Yaganov»
I. Ya. Yaganov, Lesnaya, 16.10.2001

[4] «Общая информация о родовых мелодиях»
Н. Я. Яганов, с. Лесная, 16.10.2001

🎬 3.2   ‖ 1›4:54 ‖ 5›5:20 ‖ 10›6:02 ‖ 15›6:37 ‖

1   Песню вот эту наша бабушка передала.
В'уттин ӄулиӄул мургин ымэммынэк гымкыӈ передала Евдокия
   Михайловна Яганова.
Мелодия поется о наших родственниках,
так и она нам передала.
5   И так же она поется в праздничные дни.
Это на «Ололо».
Мургин тэмкэм нотайпыӈ мытлайвытколаткын конята.
В'инв'ув'и тэмкэм мургинэ эньпичив' напэлалӄэна.
Ытту еплю ёналлат ӄорарамкыӈ,
10 витку г' ат муру найтоламык ӄор мытъялламык юнэтыӈ в'утыку
   поселкак.
А до этого мургинэ родители ёналлат ӈаныک.
На оленеводстве пастухами были.
Можно правда, но еплю итыткыӈ,
но надо настроить
15 какой-то иметь
так то можно вачӄэн ӄулиӄул.

[4] «General information on family songs»
N. Ya. Yaganov, Lesnaya, 16.10.2001

1 This song our grandmother passed on to us.
   This song Evdokiya Mikhailovna Yaganova gave to my mother.
   This song is sung about our relatives,
   and she gave it to us.
5 And so she sings on festive days.
   This is at "Ololo".
   Our people travel a lot across the tundra on horseback.
   Our parents left many paths (there).
   They usually lived with the reindeer herd,
10 they just gave birth to us and moved to live here in the village.
   But until then, our parents lived there.
   They were reindeer herders.
   Perhaps it's right, but in general I've got it,
   but you have to get ready
15 and more or less know
   and then even maybe another song.

---

1 Песню вот эту наша бабушка передала.
   Эту мелодию маме передала Евдокия Михайловна Яганова.
   Мелодия поется о наших родственниках,
   так и она нам передала.
5 И так же она поется в праздничные дни.
   Это на «Ололо».
   Наши много по тундре ездят на лошадях.
   Тропиок много наши родители оставили.
   Они вообще жили в табуне
10 только нас родили сюда приехали жить, здесь в посёлке.
   А до этого наши родители жили там.
   На оленеводстве пастухами были.
   Можно правда, но вообщем есть,
   но надо настроить
15 какой-то иметь
   так то можно другую мелодию.

[4] «Общая информация о родовых мелодиях»
(продолжение)

📋 3.2 ‖ 20 › 6:59 ‖

У меня правда есть конечно,
но он эта Сергей Антонович многие знают,
песнь такая хорошая, и звонкая, и быстрая.
20 Но, я правда конечно чуть-чуть примерно его музыку.
Но она будет более петь медленно,
попробую если получится.

[5] «Родовая мелодия Сергея Антоновича Яганова»
Н. Я. Яганов, с. Лесная, 16.10.2001

📋 3.2 ‖ 7:13 ‖

[4] «General information on family songs»
(continued)

I have, of course,
but Sergei Antonovich knows a lot about that,
it's a good song, both loud, and fast.
20 But I of course (know) his music a little bit.
But one sings it more slowly,
I will try to see if it works.

У меня правда есть конечно,
но он эта Сергей Антонович многие знают,
песнь такая хорошая, и звонкая, и быстрая.
20 Но, я правда конечно чуть-чуть примерно его музыку.
Но она будет более петь медленно,
попробую если получится.

[5] «Song of Sergei Antonovich Yaganov»
N. Ya. Yaganov, Lesnaya, 16.10.2001

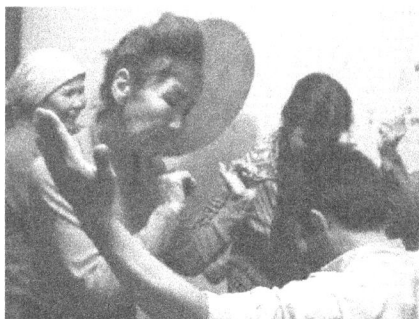

117

Яганов,
Сергей Яковлевич

[1] «Родовые мелодии Сергея Яковлевича Яганова»
С. Я. Яганов, с. Лесная, 14.10.2001

🔊 3.3 ‖ 1 › 0:02 ‖ 5 › 0:29 ‖ 10 › 0:48 ‖ 15 › 1:09 ‖ 20 › 1:53 ‖

1   Эту музыку чуть-чуть знаю.
    Мелодия у него красивая, мелодичная.
    Он играл вот так, я не знаю, почему он так играл.
    У нас в селе только Поповы вот так исполняли,
5   Семен Иванович, Конон Иванович.
    У нас три брата здесь было раньше.
    А детей из них я не видел.
    У отца братьев всех видел.
    Но не знаю, почему вот это.
10 У нас есть свои родственники
    Александр Иванович,
    Попов Иванович, Валентин Иванович.
    У них есть своя мелодия, отцовская.
    Но я не знаю, как они к нему относятся.
15 Раньше при мне, когда мне было десять или шесть лет,
    они исполняли вот эту мелодию.
    Это у Конокковичих своя родная мелодия,
    у Яковлевича такой нет.
    Даже у Ягановых много, у Белоусовых нету таких,
20 а у Конокковича все одна мелодия.
    Эта самая тоже хорошая мелодия,
    вот так ни кто из Яковлевичей Ягановых это из Белоусовых,
    никто так не играет, только Конокки.

[1] «Family songs of Sergei Yakovlevich Yaganov»
S. Ya. Yaganov, Lesnaya, 14.10.2001

1 I know this music a little bit.
His song is beautiful, melodic.
He played this way, I don't know why he played like that.
In our village only the Popovs performed it that way,
5 Semion Ivanovich, Konon Ivanovich.
We had three brothers here earlier.
But I didn't see that they had any children.
I saw all of father's brothers.
I don't know, why this.
10 We have our relatives.
Aleksandr Ivanovich,
Popov Ivanovich, Valentin Ivanovich.
They have their father's song.
Well, I don't now how they are related to him.
15 Earlier, when I was ten or six years old,
they performed that song.
That is the family song of the Konokkoviches,
Yakovlevich doesn't have such.
also the Yaganovs have many, the Belousovs don't have any,
20 but all the Konokkoviches have one song.
Also it is a really good song,
it's not someone from the Yakovlevich Yaganovs, from the Belousovs,
nobody plays like that, only Konokki.

🎬 3.3 ‖ 25 › 2:19 ‖ 30 › 2:39 ‖ 35 › 3:00 ‖ 40 › 3:53 ‖ 45 › 4:21 ‖ 50 › 5:19 ‖ 55 › 5:38 ‖

    А вот сейчас у нас родня большая,
25 но не можем,
    я не слышал ещё ни когда от Сашки Попова,
    Валентина Попова, которые родственники его сестер,
    они же все.
    Я не знаю, у них, наверное, другой свой климат,
30 где то они жили на северах ну все свое.
    Ну сейчас в Палане, а они не могут так.
    А я не могу им сказать,
    что это вот моя родня.
    И ихняя вот эта мелодия.
35 А наша мелодия по другому,
    Ягановых одна музыка, длинная.
    Это Ягановы Васильевичи,
    Яковлевичей одинаковые.
    Яков Михайлович пел, когда ходил на охоту,
40 он любил на рыбалку сильно, сильно любил ходить.
    Любил на охоту Яков Михайлович,
    мои родители Яков Михайлович,
    он любил сильно, сильно свою охоту.
    И он уходил один, как вот сейчас Кеша,
45 он уходит все время один. Он любит один петь.
    Яков Михайлович один уходил,
    пел свою песню как Кеша.
    Он уходил все равно.
    Рассказывай! [Ӄывиткин!]
50 И вот мой отец все время один гулял,
    под эту музыку, конечно, и это,
    ну все равно, у них когда встреча происходила где-то,
    ну не в Лесной конечно, в которой мы сейчас здесь живем,
    а где-то мы жили раньше,
55 вот в Тэви, раньше ещё у нас много мест.

[1] «Family songs of Sergei Yakovlevich Yaganov»
(continued)

And now we have a big clan
25 but we can't,
I never did not hear yet from Sashka Popova,
Valentina Popova, who are his sisters' relatives,
all of them.
I don't know, they probably have their own different climate.
30 They lived there somewhere in the north in their own way.
And now in Palana, but they can't (live the same).
And I can't say to them,
these are my relatives.
And this is their song.
35 But our song is different,
the Yaganovs's music is particular, long.
This is Yaganov Vasil'eviches,
the (Yaganov) Yakovleviches are similar.
Yakov Mikhailovich sang, when he went hunting.
40 he very, very much loved to go fishing.
He loved to hunt, Yakov Mikhailovich,
my parents Yakov Mikhailovich.
he very, very much loved his hunting.
And he went off by himself, as Kesha does now,
45 he went off all the time by himself. He loved to sing alone.
Yakov Mikhailovich went off by himself,
sang his song like Kesha.
He went off anyway.
Tell!
50 And my father wandered around all the time by himself,
with this music of course,
and, anyway, when they had once a meeting somewhere,
not in Lesnaya of course, where we now live,
but where we lived earlier,
55 in Tevi, back then we had many places

[1] «Родовые мелодии Сергея Яковлевича Яганова»
(продолжение)

🎬 3.3 ‖ 60 › 7:01 ‖ 65 › 8:34 ‖

Эта встреча, как-будто втречились.
Эта как будто встреча идет,
где-то наверно после баранов или после охоты,
отцы приходят и радуются женщины.
60 Эта когда отцы приходят чуть-чуть это в темноте.
А гости приходят все равно к нам.
Это гости.
Это гости наши приходят к нам.
Пока живы, да.
65 Пока живы, да. [Г᾽эйюнэтг᾽а]

[2] «Родовые мелодии Сергея Яковлевича Яганова и (Кеши) Иннокентия Васильевича Яганова»
С. Я. Яганов, с. Лесная, 14.10.2001

🎬 3.3 ‖ 1 › 8:45 ‖

1 Панэначго
Вальвычг᾽о панэначго
Вальвычг᾽о ков᾽анявалан.
Пашеваняӄо, ӄайлём.

[1] «Family songs of Sergei Yakovlevich Yaganov»
(continued)

That meeting, as if they met each other.
That is as if a meeting takes place,
somewhere perhaps after (the hunt for) snow-sheep or after the hunt,
the fathers arrive and the women rejoice.
60 This is when the fathers come, it is already a little bit dark.
But the guests come to us anyway.
They are guests.
They are our guests who come to us.
When they were still alive.
65 When they were still alive.

[2] «Family songs of Sergei Yakovlevich Yaganov and (Kesha) Innokentii Vasil'evich Yaganov»
S. Ya. Yaganov, Lesnaya, 14.10.2001

1 Old
   old ravens
   ravens say
   Thank you.

---

1 Старые
   Старые вороны
   вороны говорят.
   Спасибо.

▰ 3.3 || 1 › 11:19 || 5 › 13:13 || 10 › 14:25 || 15 › 15:16 ||

1   Давай Маму.
    А я эллэ лиги элӈыкэ.
    Сережа, морыкакычг'энаӈ ӄымӈэчуги.
    Мэчг'аӈ ӄылэйвылӄи.
5   Ӄытыммэ в'ины г'ынпаччан.
    Ӄытыммэ в'ыны г'ынпаччан.
    Г'орав' унюнютэ натаёг'ыньӈын.
    Мургинэ ёнатгырӈын натайёг'ыньӈын.
    Ӄытыммэ гынанна ӄывырыӈг'ыне унюнюв'и.
10 Ӄытыммэ гынанна ӄывырыӈг'ыне унюнюв'и, мургинэ.
    Все равно натаёг'ыньӈын, ӄунэм гынанна ёг'ына ынӈынэ.
    В'инв'ув'и мургинэ ӄытыммэ ӄывирыӈгын.
    Унюнютэ
    Гынынэ унюнютэ натаёг'ыӈын гынӈин нымъёлг'он.
15 Ӄытыммэ гынанна титэ ӄыёыг'ын.
    Гаймат гыник унюнютэ натаёг'ыӈына.
    Ӄынгыюлэвыткныгына унюнюв' гынинэв'.
    Ӄынгыюлэвыткныгына унюнюв' гынинэв'.

[3] «Family songs of Sergei Yakovlevich Yaganov and (Kesha) Innokentii Vasil'evich Yaganov»

S. Ya. Yaganov, Lesnaya, 14.10.2001

1 Come on, your mother's song.
 But I don't know.
 Serezha, speak in our language.
 Good travels.
5 May no path be ruined.
 May no path be ruined.
 Soon the children will arrive.
 We live our life.
 No, you don't forbid the children.
10 No, you don't forbid our children.
 They come anyway, if you've gotten to a certain point.
 Don't forbid (using) our paths.
 Children.
 Your children come into this village.
15 No, you never get (there).
 Perhaps your children will make it.
 Teach your children.
 Teach your children.

---

1 Давай Маму.
 А я не знал.
 Сережа, по-нашему говори.
 Доброго пути тебе.
5 Нет, тропинку не испортят.
 Нет, тропинку не испортят.
 Вскоре дети придут.
 Нашу жизнь проживем.
 Нет, ты не запретишь детям.
10 Нет ты не запретишь нашим детям.
 Все равно придут, если ты дошёл до них.
 Тропинки наши не запретишь.
 Дети
 Твои дети придут в это село.
15 Нет, ты никогда не дойдешь.
 Может твои дети дойдут.
 Учи детей своих.
 Учи детей своих.

[3] «Родовые мелодии Сергея Яковлевича Яганова и (Кеши) Иннокентия Васильевича Яганова»
(продолжение)

🎬 3.3 ‖ 20 › 16:04 ‖ 25 › 16:24 ‖ 30 › 17:52 ‖ 35 › 18:28 ‖

Ӄыттыммэ гымнан ынӈынэ гаймат мыёг'ина гынинэ нымъёлг'о аӄан.

20 Гаймат тытаӈвоӈ тыг'ыллык тытаёг'ыӈина.
Все равно отец так говорил так тихонечко,
а так раньше так же было,
как отец мне говорил, останавливался.
Отец говорил, молча,

25 все равно тытаёг'ыӈина гынин нымъёлго.
Гыниннэ ӄулиӄул все равно тытаяваӈын.
Г'опта нутэлӄу лиги г'ыял ёг'ыткына.
Печив' мургинэ аӄан.
Мэлгыӈ эв'он пичгыпиль ӄыниӈлыткыныгын.

30 Пичггыпиль.
Пичгув'и ӄонпоӈ мыттэйилыткынэ.
Микг'ал гэвыг'илин все равно,
в'апаӄой,
мэлгын ӄонпоӈ йиӈлык.

35 Ӄыттымэ титэ мынпаёла.
Омакаӈ, омакаӈ мытталайвылӄи вечкыӈ.

[3] «Family songs of Sergei Yakovlevich Yaganov and (Kesha) Innokentii Vasil'evich Yaganov»
(continued)

No, I can't go to your village.
20 Perhaps sometime I will fall ill and will also be there.
Anyway, my father talked so quietly,
and earlier it was
as my father told me, he stopped.
My father said, keep quiet,
25 anyway I will be in your village.
I will sing your song anyway.
You also know the tundra, what it's like for you there.
At least we have stoves.
Absolutely you have to put some food into the fire.
30 A little bit food.
We will always give food.
Whoever died, anyway,
you are under the influence of fly-agaric,
one always throws into the fire.
35 We never will be eternal.
Together, together we will go.

Нет, я не смогу приехать в твоё село.
20 Может когда-нибудь заболею и тоже буду там.
Все равно, отец говорил так тихонечко,
а раньше также было,
как отец мне говорил, останавливался.
Отец говорил, молча,
25 все равно буду в твоём селении.
Твою мелодию все равно спою.
Тоже тундру знаешь, так как там бываешь.
Печки у нас есть.
В огонь обязательно маленькую еду надо бросать.
30 Маленькая еда.
Еду всегда будем давать.
Кто умер все равно,
(ты) под мухомором,
в огонь всегда (надо) бросать.
35 Ни когда мы не будем вечными.
Вместе, вместе будем ходить.

[3] «Родовые мелодии Сергея Яковлевича Яганова и (Кеши) Иннокентия Васильевича Яганова»
(продолжение)

🎬 3.3 ‖ 40 › 19:11 ‖

Омакаӈ аҟан мэӈкыт мытлайвылатки все равно пичгув'и
   мыттайилатки..
Аҟан гынанна, молодец Кенёв'
Аҟан титэ лэйвыткыӈ давай,
40 мэлькит яяр ҟор, а без яяра.
Давай, можем без яяра, нет давай,
давай попробуй так. Ты же гуляешь все равно.
Не люблю, когда командуют.
Да, не в этом дело, ну хоть немножко попробуй. – Аҟан не люблю.

[4] «Родовая мелодия Станислава Ивановича Яганова»
С. И. Яганов, с. Лесная, 14.10.2001

🎬 3.3 ‖ 1 › 19:30 ‖

---

1 Вспоминать не могу, больно, на душе папа.
   Как отец ты тоже.

[3] «Family songs of Sergei Yakovlevich Yaganov and (Kesha) Innokentii Vasil'evich Yaganov»
(continued)

Whereever we will go together, we will give food anyway.
You are a great guy, Kenev.
When you're walking, come on
40 that's enough, (give) the drum here, but without the drum.
Come on, let's do it without the drum, no come on,
come on try it that way. You are relaxing, anyway.
I don't like it, when they're commanding.
Yes, in this case, try a little bit. – Though I don't like it.

Куда мы вместе ходить будем, всегда еду будем давать.
Хоть ты, молодец Кенёв.
Хоть когда ходишь давай,
40 хватит, бубен сюда, а без бубна.
Давай, можем без бубна, нет давай,
давай попробуй так. Ты же гуляешь (отдыхаешь) все равно.
Не люблю, когда закомандуют.
Да, не в этом дело, ну хоть немножко попробуй. – Хоть не люблю.

[4] «Family song of Stanislav Ivanovich Yaganov»
S. I. Yaganov, Lesnaya, 14.10.2001

1 I can't remember, it's painful, my father is on my mind.
You're also like my father.

Уркачан,
Александра Трифоновна

[1] «Родовая мелодия» (танцует Н. М. Поспелова)
А. Т. Уркачан, с. Лесная, 31.10.2001

🔊 3.4   ‖ 1 › 0:15 ‖ 5 › 1:30 ‖

1 В᾿эемлэӈэву ӈыволат
г᾿опта в᾿эемлэӈэву мэвон
мыталг᾿о татылыӈ мылавылг᾿о яллаткынэв᾿э.
Митылг᾿о ӈыволат мылавык
5 уйиильпильняҟо.
Надежданак контатыллытковӈы нэм.
Мэмыльпыляҟо, то кытэпав᾿э ҟолэнкэнаӈ.
Охотникав᾿э кытэпаӈ ав᾿в᾿ав᾿латкэ.

[2] «Родовая мелодия» (танцует Н. А. Яганова)
А. Т. Уркачан, с. Лесная, 27.10.2001

🔊 3.4   ‖ 1 › 2:49 ‖ 5 › 5:42 ‖

1 Аӈҟакэнав᾿э яллатылҟэв᾿лат, яллатҟынэв᾿и ынныв᾿и то
г᾿ытг᾿ыпыляҟо яллаткынэнав᾿э,
мэмыльпэляҟо.
Нутэльҟуви мичг᾿ав᾿и чемӈылаткынав᾿э.
Ынна мэмильпиляҟу мылав᾿латкэнав᾿э, то ралҟэв᾿лат кытэпав᾿э
5 Мэмылов᾿э яллаткынэнав᾿э.

130

[1] «Family song» (danced by N. M. Pospelova)

A. T. Urkachan, Lesnaya, 31.10.2001

1   The people of Lesnaya begin.
    The people of Lesnaya (regret).
    The elite dancers arrive to dance at the feast.
    The elite dancers begin to dance
5   for the seals.
    Nadezhda is holding the feast.
    Seals and snow-sheep until next year.
    The hunters are leaving for the snow-sheep hunt.

---

1   Лесновцы начинают
    также лесновцы (сожаление)
    мастера приходят на праздник танцевать.
    Мастера начинают танцевать
5   для нерпушек.
    Надежда проводит праздник.
    Нерпушки и бараны до будущего года.
    Охотники на баранов уходят.

[2] «Family song» (danced by N. A. Yaganova)

A. T. Urkachan, Lesnaya, 27.10.2001

1   Fish and capelins are going, going, going from the sea,
    (young) seals.
    On the tundra, flowers are blooming.
    Yes, young seals dance, and snow-sheep enter.
5   The seals are moving subtly.

---

1   С моря идут, идут рыбы и мойвы (уйёк) идут,
    нерпёнки (школьники).
    В тундре цветы цветут.
    Да нерпёнки (школьники) танцуют, и заходят бараны.
5   Нерпы невнятно идут.

[3] «У-ру-ру – зов ветра»
А. Т. Уркачан, п. Лалана, 7.8.2002

📽 3.4 ‖ 1›6:32 ‖ 5›6:44 ‖ ‖ 10›7:10 ‖ 15›7:28 ‖ 20›7:45 ‖

1   «У-ру-ру», ӄыв'тынӄав'рэлог'э!
В'ытв'ыту ӄынилугынэв'! В'ытв'ытпиляӄу, г'ывынг'ыпиляӄу.
Ӄынилугыӈ «у-ру-ру»!
5   Мэтг'оӈ ӄынилугынэв'! Ганычу эмэч кунилуӈнин в'ытв'ыту.
«У-ру-ру», ӄайлём.
В'уччин «У-ру-ру» мойкакычг'энаӈ ӈано куг'эйӈэв'ӈынин кытэв',
тит ныгигав' нотайпыӈ лэйвык.
то в'ытв'ыту мэтг'аӈ ныӈвона, ынӈыг'аӈ эчеӄмэл ӄэв'йилук.
10 То еван титэ кайӈын коваломыӈ,
ӈано ынно эмэн эв'ыӈ лиги кулӈыӈнин, ӈавычӈо г'аӄав'лай аловыӈ.
То титэ алонвыӈ колӄынӈыволаӈ,
ычгынан митг'айинав' плато накойпыӈнав'.
То ныкэв'и платьяв'э накойпыӈнав',
15 йийиту в'утку накукылтыӈна,
то эмчеёчго митг'айинав' лепг'эв'и.
И коӈволаӈ эӈиньмульг'этык нотайпыӈ.
То конпоӈ, титэ тылэк ӈано, кытэв' накоӈвоӈын эйӈэвык:
– У-ру-ру, у-ру-ру. Ӄыв'тынӄав'рэлогыӈ,
20 ӄынилугын в'отыччу ымоӈ, ныӈвона ыньӈыг'ан ӄэв'йилук.

[3] «U-ru-ru – call of the wind»
A. T. Urkachan, Palana, 7.08.2002

1 "U-ru-ru", branches of the trees and little flowers, sway!
Sway little flowers! Little flowers and berries.
Sway "U-ru-ru"!
5 Sway nicely! – Look, already their flowers are swaying.
"U-ru-ru", thank you.
That "U-ru-ru" means for us "calling the wind",
so that one may walk along the tundra cooler
and the flowers would sway nicely as if on a swing.
10 And when the bear hears (that),
it's as if he knows, that women are going berry picking.
And when they go out for berries,
they put on beautiful head scarfs,
and they put on dresses,
15 and tied belts here,
and beautiful baskets.
They enjoyed walking in the tundra.
And always, when you walk, you call the wind:
"U-ru-ru. Sway branches,
20 sway all this so that it would all begin to sway."

---

1 «У-ру-ру», ветки деревьев и цветочки покачай!
Цветочки покачай! Цветочки и ягоды.
Покачай «у-ру-ру»!,
5 Хорошенько покачай! Вот он уже качает их цветы.
«У-ру-ру», спасибо.
Это «У-ру-ру» по-нашему значит «призывает ветер»,
чтобы было прохладно по тундре ходить.
и цветы хорошо качались, словно на качелях качаются.
10 И когда медведь слышит,
словно он знает, что женщины пошли за ягодами.
И когда по ягоды уходят,
то красивые платки надевали.
И платья надевали,
15 ремни здесь привязывали,
и корзины красивые.
Им было весело по тундре ходить.
И всегда, когда идешь, то начинаешь призывать ветер:
– У-ру-ру, у-ру-ру. Покачай ветки,
покачай их, чтобы они начали вот так качаться.

[4] «Родовые мелодии и танцы»

А. Т. Уркачан, с. Эссо, 29.8.2000

🎬 3.4 ‖ 1›7:52 ‖ 5›8:09 ‖ ‖ 10›8:47 ‖ 15›9:31 ‖

Александра Трифоновна Уркачан демонстрирует мелодии и танцы Майе Петровне Ломовцевой во время семинара «Дети севера–
уроки культуры», с. Эссо, 20-29.08.2000.

1 Муйык Вэемлык ӈанко коёӈаллаӈ амкыко чининкинэв'
  еппы нымйычг'о лиги нэӄулӈынин чининкин татыл «Ололо».
  То мэӈинет ӈэйӈэй кунг'элыӈ
  наӈвоӈын тилик ыннин татыл.
5 Гамга в'отынно ёёкэнав',
  имыӈ мэмыло накоӈвоӈын йымлаватык,
  кайӈу, кытэпав'э.
  То эчги пыче тыямлавыӈ миӈкые в'эемлэнэву нымлав'кэна,
    то тыйяӈвоӈ аӈаӈъяк.
  Ту-уу-ук!
10 Сергейын Антоновычин чакыгэт конвоӈ мылавык.
  То Сергейын Антоновичын ӄулиӄул Павла Михайловнанак
    кояваӈвоӈнэн
  г'опта ынно пэнынэкин ӄулив'и лиги кулӈынин.
  Ӄонпыӈ кэньӈывоӈ самодеятельӈик мэмыло конвоӈ чаяӈчэтик.
  Кэвӈивоӈ: «Йеӄэӄо-он Тимкаг'э ӄыямлав'ӈэкэ».
15 Еӄӄэ-ӄо-он-о-на Тимкайг'э ӄывинылӄыгэ-ӄо-о-он...
  Еӄӄэ-ӄо-он-о-на Тимкайг'э кымлавэкэ мэмыльпэляӄо гэеллинэ.

[4] «Family songs and dances»
A. T. Urkachan, Esso, 29.08.2000

A. T. Urkachan demonstrates songs and dances for M. P. Lomovtseva during the workshop "Children of the North: Lessons of culture", Esso, 20-29.08.2000.

1   There are many kin and (other) people who live with us in Lesnaya,
    who know about their feast "Ololo".
    And when fall comes,
    they begin to carry out this feast.
5   Each family,
    they all dance about the seals,
    bears and snow-sheep.
    And now I will sing as the people in Lesnaya dance; and I will begin
        to sing.
    Now, come on!
10 Sergei Antonovich's sister begins to dance.
    And from Sergei Antonovich she sings also the song of Pavel
        Mikhailovich,
    she knows the songs from her ancestors.
    It always happens in artistic activities that they will imitate seals.
    They say: "Oh, Timka, dance!"
15 Oh, Timka, come out to dance.
    Oh, Timka dance, the seals have arrived.

---

1   У нас в Лесной живет много родственников,
    жители села еще помнят свой праздник «Ололо».
    Когда наступает осень,
    они проводят этот праздник.
5   Каждая семья,
    всё про нерпей начинают танцевать,
    про медведей, баранов.
    И сейчас я спою как лесновцы танцуют, и начну петь.
    Ну давай!
10 Сестра Сергея Антоновича начинает танцевать.
    И у Сергея Антоновича мелодон также знает мелодии предков.
    В художественной самодеятельности всегда копируют нерп.
    Говорят: «Ох-же, Тимка, танцуй!»
15 Ох-же, Тимка, выходи на танец!
    Ох-же, Тимка, танцуй, нерпушки пришли…

Яганова,
Наталя Алексеевна

[1] «Танец и мелодия о нерпушках»
Н. А. Яганова, с. Лесная, 27.10.2001

🎬 3.5 ‖ 1 › 0:43 ‖ 5 › 0:58 ‖ 10 › 1:17 ‖

1 Вот это движение, как будто возле моря сидишь,
уже видишь нерпушки уже,
уек (мойва) уже идет. Мужики начинают уже,
а бабушки подготавливаются и они уже подходят берегу.
5 Якобы уже уек идет.
И они танцуют, представляют все.
А потом они помогают, а пока нерпушки видно.
Обычно, когда нерпушку убивают,
Они, бабушки, тоже видят нерпушки и тоже танцуют,
10 представляют, что они победили все-таки.
И они танцуют как нерпушки.

[1] «Dance and song about seals»
N. A. Yaganova, Lesnaya, 27.10.2001

1 Look at this movement, as if you sit down by the sea,
and already you see the seals,
and the (pacific) capelins are already coming. The men set off already,
and the older women get prepared and are already approaching the shore.
5 It seems that the capelins are already coming.
And they dance, performing everything.
And then they help, while the seals are still in view.
Usually, when they kill a seal,
the older women also see the seals and they dance,
10 performing how they kill (them).
And they dance like seals.

[2] «Танец и мелодия о баранах, медведях и на море»

Н. А. Яганова, с. Лесная, 27.10.2001

▰ 3.5 ‖ 1 › 1:43 ‖ 5 › 2:13 ‖ 10 › 2:30 ‖ 15 › 2:51 ‖ 20 › 3:14 ‖ 25 › 3:32 ‖ 30 › 3:49 ‖

1 Обычно, когда баранов убивают,
обычно баранов представляют и так танцуют как идут уф-уф-уф.
Они так прыгают и они представляют баранов.
У них движения, как мужики шагают.
5 И медведи тоже, когда Сережка Яковлевич танцевал,
он тоже Юра и Николай,
они представляют эти движения.
И эти движения медведей
тоже как у баранов, они чем-то похожи.
10 И вот они поют и танцуют.
Обычно, когда медведя убьют.
Вот Женя Шилов хорошо прямо показывает движения, вот так вот,
как медведи ходят в лесу.
В прошлом году мы ходили, тоже медведя видели.
15 И вообще он вот так, вот. Вот эти медвежьи движения
удивительные.
А когда убегает медведь,
обычно нерпушки плавают.
Бывает, что нет ничего-ни уйка, ни нерпушек.
И обычно у берега бабушки сидят
20 и как на празднике (ололоткыт) поют, каждый по-своему поёт,
призывают эти.
И потом, когда они споют,
все сделают, и мужики все равно до сих пор сидят на море,
а мы уходим ещё варить; мы сварим все.
25 И через некоторое время, если удача бывает,
мужики прямо на берегу моря кричат,
а мы на берегу, чтобы варить, кто варит,
и поем там вовсю.
И в этом году ходили,
30 тоже пели песни,
Валентин Наянов убил лахтака.

[2] «Dance and song about snow-sheep, bears and the sea»
N. A. Yaganova, Lesnaya, 27.10.2001

1 Usually, when they kill snow-sheep,
usually they mimic snow-sheep and dance how they walk – uf-uf-uf.
They jump that way and they portray snow-sheep.
They have movements like men walking.
5 And the bears also, when Serezhka Yakovlevich danced,
and also Yura and Nikolai,
they perform these movements.
And these movements of bears,
are like snow-sheep, they are in some ways similar.
10 And so they sing and dance.
Usually, when they kill bears.
Look, Zhenia Shilov shows the movement well, like that,
how bears walk in the woods.
When we went last year, we also saw bears.
15 And generally or it's like that. These bear movements are amazing.
And when the bear runs away,
there are usually seals swimming.
It happens that there are neither capelins, nor seals.
usually the older women are sitting at the shore
20 and during the O-lo-lo festival they sing, everybody sings in his own way,
they call them by.
And then, when they sing,
they do everything and the men are still sitting at the sea,
but we leave to go cook; we cook everything.
25 And after a while, if there was (hunting) luck,
the men at the sea shore shout,
but we are on the shore to cook, the ones who are cooking,
and we sing for everything.
And when we went this year,
30 we also sang songs,
Valentin Nayanov killed a bearded seal.

[3] «Представления в движениях танца»

Н. А. Яганова, с. Лесная, 27.10.2001

3.5   ‖ 1 › 3:59 ‖ 5 › 4:16 ‖ 10 › 4:32 ‖ 15 › 4:54 ‖ 20 › 5:15 ‖ 25 › 5:30 ‖ 30 › 5:56 ‖ 35 › 6:22 ‖

1 Обычно, когда мы там разделываем рыбу и видим
как чайки, прямо вот так крутятся.
У них движения плавные.
Их много бывает, и у них такие движения,
5 то туда, то назад.
У них движения разные,
а моршишки вообще быстрые.
Они как нерпушки, но у них движения быстрые,
они так быстро вниз ...
10 Дети берут палку.
У кого не бывает движения,
берут палку, и вот так, как у мотора делают.
Мама раньше тоже так делала.
У них тоже такие движения, как у нерпушек.
15 когда голову высунут, выглядывают.
Они постепенно так уходят,
вот эти лахтаки, ласты,
и у них вот такие движения, так хорошо бывает, когда они плавают.
Их хорошо так видно.
20 Вот так они ...
Когда убивают нерпу, лахтака,
они еще эти движения делают.
Они еще живы.
вообще лахтаки, потом постепенно...
25 Вообще хорошо.
Обычно, когда бабушки хотят танцевать,
они так делают. Видела, ... у них руки вот так.
У них вместе, обычно так чуть-чуть слегка,
как нерпы, ласты.
30 Но, конечно, в разные стороны вот так делают.
Все, даже телом, типа как непушка танцуешь.
Когда это бывает,
нерпушка когда уходит, она так делает.
Когда уже уходит,
35 у нее голова обычно (так) бывает.

[3] «Representation in dance movements»
N. A. Yaganova, Lesnaya, 27.10.2001

1   Usually, when we're cutting fish, we see
    how the sea-gulls swirl around, just like that.
    Their movement is very fluid.
    There are many of them, they have these movements,
5   first out and then back.
    They have a variety of movements,
    but baby walruses are in general fast.
    They are like seals, but their movements are fast,
    they dive so quickly.
10 The children take a stick.
    Those, who don't have their movement
    take a stick, and they pretend like it's a motor.
    My mother also used to do that.
    They also have movements like seals,
15 when they stick out their head, and look (around).
    They gradually move away like that.
    These are bearded seals,
    and they have really good movements like this when they swim.
    You can see them well.
20 So they're like this...
    When they kill a seal, a bearded seal,
    they make these movements.
     They are still alive.
    In general bearded seals, then gradually ...
25 Generally good.
    Usually, when the older women want to dance,
    they do this. I noticed (it), they hold their hands like this.
    They (hold them) together, usually they (touch each other) a little bit,
    like seals, flippers.
30 But, of course, they go in different directions.
    You dance with your whole body like a seal.
    When it happens
    that the seal moves away, it does it this way.
    When it is about to disappear,
35 it holds its head usually like this.

Потом, когда она уходит, она так нырает,
и постепенно дальше уплывает.
Идешь танцевать, даже глаза закрываешь,
уже чувствуешь, ты где-то находишься,
40 где-то, и никто тебе не мешает.
Ты начинаешь от души сама танцевать
и сама все движения делать.
И на других не оброщаешь внимания,
лучше, когда у каждого свой (танец).
45 И начинаешь движение вот так,
движение, пальцы держи вот так,
этими пальцами.
У лахтака такие пальцы, да и у медведя,
это у лахтака вот так, как ныряет.
50 А потом могу сюда повернуться.
У тебя вообще (должно быть) глубже.
У тебя сразу уходит.
Потом идешь по-тихоничку, как будто нерпа уже уходит.
А потом это танец, как будто зовешь соперника,
55 кого хочешь пригласить. Вот так, когда сама танцуешь.
Это тоже как знак, как нерпушка.
Но и плечами тоже вот так.
Потом еще вот так делаешь.
Это знак того, когда я танцую,
60 я представляю бабушек, когда они выделывают шкуру.
Моя мама тоже, вечное ее такое движение,
она тоже шкуру вот так выделает.
Вот это ее движение,
чистят вот так шкуру.
65 Вот это ее движение.
А когда движение бывает вот таким,
уже как будто кухлянку одеваешь.
Типа уже как нарядно.
Танцуешь, одеваешься, уже как будто танцуешь.
70 Пошиб по шкуру, красят.

[3] «Representation in dance movements»
(continued)

Then, when it disappears, it dives (down) like this.
and gradually it swims further away.
If you go to dance, you close your eyes,
you feel already, where you (imagine that you) are,
40 somewhere, and nobody disturbs you.
You start to dance right from your inner soul
and you make all the movements yourself.
And you don't pay attention to others,
it is good, when everyone has his or her own dance.
45 And you start your movement like this,
the movement, and you hold your fingers like this,
with these fingers.
The bearded seal has fingers like this, and the bear has...
and the bearded seal goes like this as it dives.
50 And then I can turn back to here.
In yourself, it's generally deeper.
As you do it, it immediately disappears.
And then you go more gradually, just like a seal moving away.
And then is there's a dance, as if you're calling a rival,
55 whom you want to invite. So here, when you dance by yourself.
This is also a sign, meaning a seal.
And (you have to dance) with the shoulders also this way.
And then again, you go like this.
With this sign, when I dance,
60 I express older women, when they are preparing skins.
Also my mother always made this movement,
 she also prepares furs like this.
This is her movement,
scraping the furs this way.
65 This is her movement.
And when the movement goes like this,
it is as if you are already putting on your *kukhlyanka*,
elegantly.
If you're going to dance, then you dress yourself for dancing.
70 And how you sew and tan your furs.

[3] «Представления в движениях танца»
(продолжение)

🎬 3.5   ‖ 75 › 9:55 ‖ 80 › 10:11‖ 85 › 10:42 ‖

Потом, когда уходишь, уже открываешь.
Берёшь от дерева кору,
и так обтираешь, и потом уходит.
А вот что лишнее, уже другое берешь,
75 и вот так делаешь.
А потом шкуру одеваешь, кухлянку,
потом танцуешь.
Это охотники подходят или к медведю,
или лучше к баранам.
80 У них движения такие тихие бывают.
Конечно, вот мужик тащит что-то,
или медведя убил, или нерпушку.
Вот Оля, эта жена Кеши,
все время она привычка тоже вот такая.
85 Я тоже иногда так танцую.
Но у меня представление уже другое.
Когда я танцую, то делаю движение, когда несу что-то,
особенно, когда лэпх, свой лэпх.

[4] «Различные мелодии»
Н. А. Яганова, с. Лесная, 27.10.2001

🎬 3.5   ‖ 1 › 11:00 ‖ 5 › 11:12 ‖ 10 › 11:35 ‖

1 Когда танцуешь, начинает мелодия тихая.
Это уже зовут, уже как бы на танец.
Потихонечку уже поют,
потихонечку уже выходишь.
5 Так представляешь море.
Затем музыка постепенно становится громче.
Уже представляешь медведя, барана.
Когда бараны в горах, там тоже тихо.
Ну иногда бывает, что медведи
10 шумят прямо на природе.
Вот это движение, когда мужики танцуют.

[3] «Representation in dance movements»
(continued)

Then, when your (hands) slip away, you open it.
You take the bark of a tree,
and rub it off so, and then it goes away.
And there's left over, but you take other (bark),
75 and you do it like this.
Then you put on the *kukhlyanka,*
and you dance.
This (is the movement of) hunters when they go on the hunt for bears,
or rather for snow-sheep.
80 They make these quiet movements.
Obviously, here is a man hauling something,
or he killed a bear, or a seal.
There's Olga, Kesha's wife,
she always had the habit of (dancing like) that.
85 I sometimes also dance like that.
But I express it in different way.
When I dance, I make the movement of carrying something,
especially, when (I carry) my basket (*lepkhe*).

[4] «Various songs»
N. A. Yaganova, Lesnaya, 27.10.2001

1 When you begin to dance, the song is calm and quiet at the beginning.
They are already calling (everyone) to the dance.
Gradually they're singing,
gradually you come forward.
5 And so you imagine the sea.
Then the music becomes louder little by little.
You already perform bear, snow-sheep.
When the snow-sheep are in the mountains, it's also quiet there.
Sometimes it happens that bears
10 make noise in the wild.
And this is the movement, when men are dancing.

[4] «Различные мелодии»
(продолжение)

Они представляют медведя,
и вот Коля Яковлевич тоже,
Хорошо (танцует) лахтака между двух нерпушек. [см. ■ 2.9_7:18]
15 Представляет, как будто в море.
Такие движения ... у него хорошие.
Но ритм, мелодия быстрые,
как-будто это бараны, медведи.
А у Серёжки Яковлевича ритм тихий,
20 как будто утром на нарточках едешь, на собачках,
и поешь песенку, когда едешь на охоту или за дровами,
особенно, когда на море едешь.
Охотники, когда рано утром уходят.
Такое тихое солнце, вообще красиво бывает.
25 Но эта мелодия тихо начинается,
потом громче и громче.
И представляешь как-будто ты на тундре,
когда тихая мелодия, как будто на тундре,
когда ягоды собираешь.
30 Представлаешь как будто ты там,
рядом с тобой сопки, тундра такая,
все это даром даешь, и ты представляешь,
и сама начинаешь танцевать.
Когда плохо бывает на природе,
35 уже устанешь, соберешь ягоду уже,
обычно Анна Макаровна, когда устанет,
она тоже начинает... пока отдыхает,
а потом начинает танцевать.
Обычно, когда с бабушками выходишь,
40 то очень интересно, они все время что-нибудь рассказывают.

[4] «Various songs»

(continued)

They perform bears,
and Kolya Yakovlevich too.
He danced well a bearded seal between two seals. [see: 🎬 2.9_7:18]
15 One performs, as if in the sea.
He has such good movements.
The songs beat,
just like the snow-sheep, the bears.
But Serezha Yakovlevich has a calm rhythm,
20 as if you are going in the morning on your sled, by dog-team,
and you sing a little song, when you go hunting or for firewood,
particularly, when you go to the sea.
The hunters, when they leave early in the morning.
The sun is so quiet, it's really beautiful.
25 This song begins quietly,
and then it gets louder and louder.
And you imagine that you are somewhere in the tundra,
while the song is quiet, as if in the tundra,
when you are picking berries.
30 You imagine that you are there,
the mountains are nearby, and the tundra,
all you give all this bounty, and you imagine,
and you start to dance on your own.
If something unfortunate happens in the wild,
35 or if you get tired picking berries,
usually Anna Makarovna, when she gets tired,
she also begins, first she has a rest,
 and then she begins to dance.
Usually, when you go out with the older women,
40 it's very interesting, they always have something to tell.

Яганова,
Ольга Григорьевна

«Родовая мелодия про охотника за бараном»
О. Г. Яганова, с. Лесная, 28.10.2001

🔊 3.6 ‖ 1 › 1:17 ‖ 5 › 1:35 ‖ 10 › 1:56 ‖

1 В'уттин ӄулиӄул мама эв' амалваӈ ӄоляявалӄэ.
Разные песни ӄоляяватӄынэн.
Г'опта ынӈин ӄулиӄул явалӄэвыткын отец.
И гым когда тэлючӄэвыткын,
5 ынӈин ӄулиӄул гымнан тыяваткын.
А женщины лыляпылӄэв'латкы аӄан мэӈ вроде бы ӄынут Ольганын
ӄулиӄул,
как мать твоя,
Яганова Матрена Трофимовна.
Отец Яганов Григорий Григорьевич,
10 сестра моя Зинаида Григорьевна.

148

[4] «Family song on the snow-sheep hunter»
O. G. Yaganova, Lesnaya, 28.10.2001

1   My mother sings this song in different ways.
    She sings various songs.
    Father also sang this song.
    And I, when I go berry picking,
5   I sing this song.
    And the women are looking; it seems that Ol'ga has a song,
    like your (Aleksandra Urkachan's) mother,
    (My mother is) Matrena Trofimovna Yaganova.
    My father is Yaganov, Grigori Grigor'evich,
10 my sister: Zinaida Grigor'evna.

Яганов,
Иннокентий Васильевич

[1] «Родовая мелодия "Про охоту на баранов"»
И. В. Яганов, с. Лесная, 14.10.2001

🎬 3.7 ‖ 1 › 00:00 ‖ 5 › 0:21 ‖

1 В'уттин ҕулиҕул мама эв' амалваӈ ҕоляваляҕэ.
  В'айи ӈан тытаӈвоӈ,
  мэӈкыт гым айгывэ тэлыӈ гымнин кытэпачгын.
  Мэӈкыт ӈан тыныкэн убил баранов гымнин бараны.
5 Г'опта там хребты так браво,
  омакаӈ мыныӈво в'айг'ын.
  Гыррочг'а ӈыволаткы гымнинэ тыттэль нымэлҕынэ в'эльвычго,
  г'опта ӈыволат ков'аӈяватын.
  В'эльвычг'ын ҕорыӈ омакан.

[2] «Родовая мелодия во время Ололо»
И. В. Яганов, с. Лесная, 14.10.2001

🎬 3.7 ‖ 1 › 2:41 ‖ 5 › 3:18 ‖

1 Да нет гымниӈ аҕан гымнин.
  Потом гэйетэ гытти ололонвыӈ,
  кытэпачгын мыттаӈвоӈын ололок,
  тэйкык кэйӈычгин омакаӈ нерпушку,
5 омакаӈ ҕай песня кытэпэн.

150

[1] «Family song "About hunting for snow-sheep"»
I. V. Yaganov, Lesnaya, 14.10.2001

1 I am not bad.
Now I set off,
to where my snow-sheep is.
And how I killed the snow-sheep.
5 There are also such impressive mountains,
let's (sing) together.
In the upper reaches my very kind ravens begin,
also to talk.
The ravens (come) here together.

---

1 Я не плохой.
Сейчас я начну идти,
туда где мой баран.
И как я убил баранов.
5 Также там такие бравые хребты,
вместе начнем (петь).
В верховьях мои очень добрые вороны начинают,
также разговоривать.
Вороны, сюда вместе.

[2] «Family song at the feast "Ololo"»
I. V. Yaganov, Lesnaya, 14.10.2001

1 Yes, no, mine.
Then come to (the) "Ololo" (feast),
for the snow-sheep we will now hold "Ololo",
and for the bear, together with the seal,
5 and together the little song of the snow-sheep.

---

1 Да нет мою, хоть мою.
Потом приезжай на «Ололо»,
для барана начнем «Ололо» проводить
и медведя вместе нерпушку,
5 и вместе маленькую песню про барана.

Родовые мелодии
во время «Ололо»

[1] «Ололо в Лесной у Марии Георгиевны Шмагиной»
с. Лесная, 25.10.2001

🎬 3.8 ‖ 1 › 0:05 ‖ 2 › 6:50 ‖ 3 › 7:52 ‖

1 Родовые мелодии Сергея Яковлевича Яганова
2 Родовая мелодия Надежды Яковлевны Ягановой
3 Родовые мелодии Николая Яковлевича Яганова

[2] «Ололо в Кинкиле у Екатерины Алексеевны Ягановой»
с. Кикиль, 29.10.2001

🎬 3.8 ‖ 1 › 9:08 ‖

1 Родовые мелодии Надежды Яковлевны Ягановой

[1] «"Ololo" feast in Lesnaya, hosted by Maria Georgievna Shmagina»
Lesnaya, 25.10.2001

1   Family songs of Sergei Yakovlevich Yaganov
    Family song of Nadezhda Yakovlevna Yaganova
    Family songs of Nikolai Yakovlevich Yaganov

[2] «"Ololo" feast in Kinkil', hosted by Ekaterina Alekseevna Yaganova»
Kinkil', 29.10.2001

1   Family songs of Nadezhda Yakovlevna Yaganova

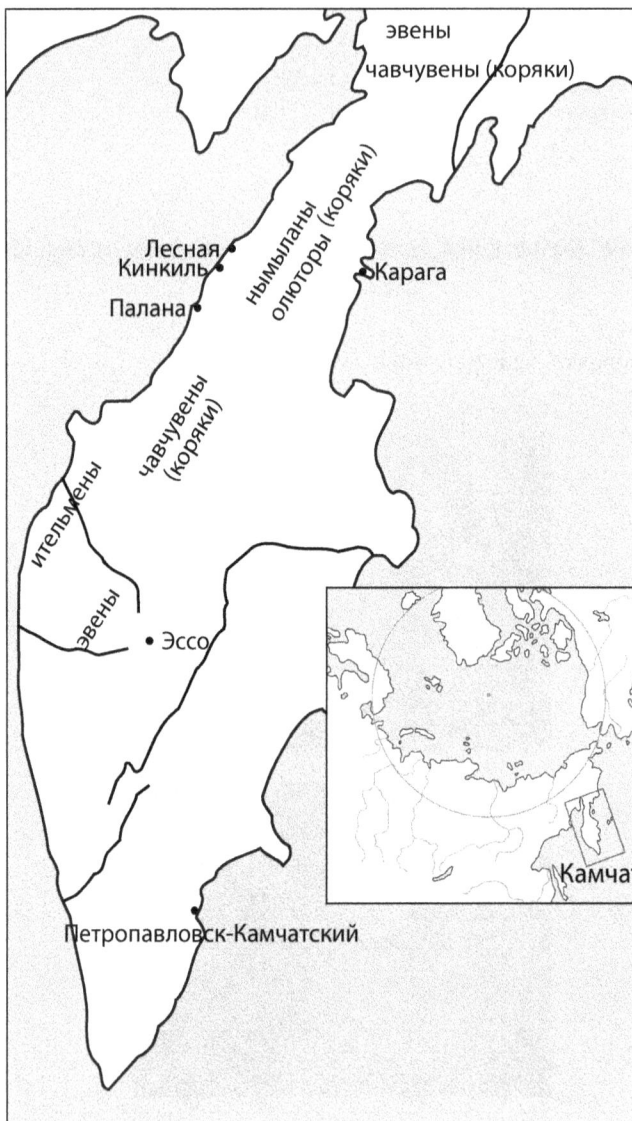

эвены
чавчувены (коряки)

Лесная
Кинкиль
Палана

нымыланы (коряки)

олюторы (коряки)

Карага

чавчувены
(коряки)

ительмены

эвены

Эссо

Петропавловск-Камчатский

Камчатка

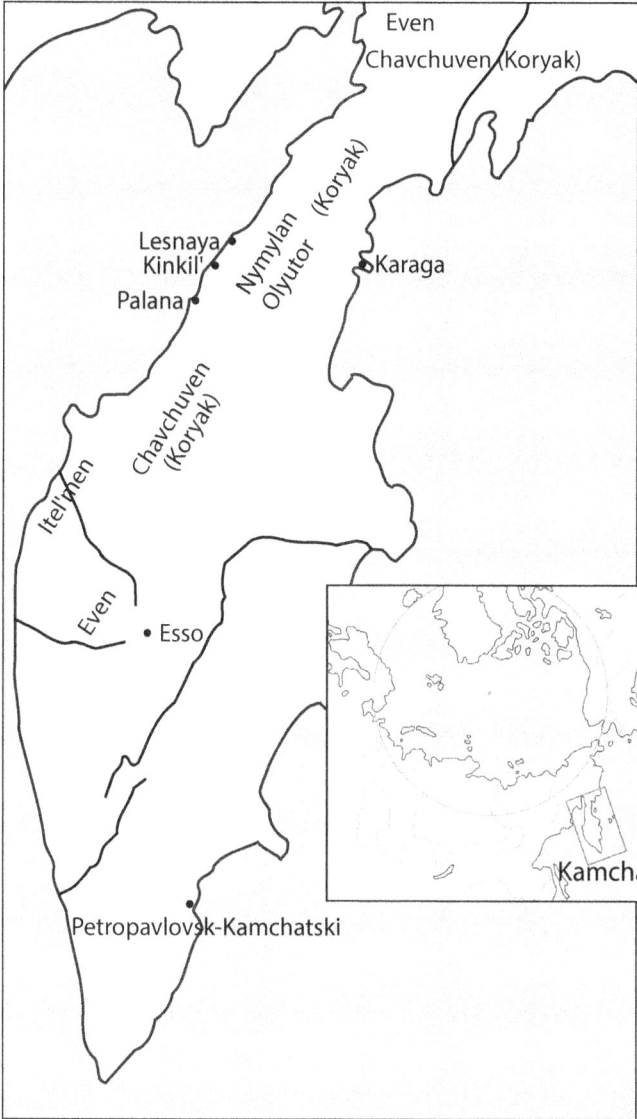

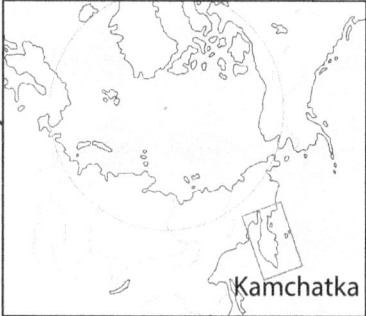

Содержание

Contents

---

* The subtitles of the DVDs produced in 2009 use the term "festival", as was established by Waldemar Jochelson. Later analyses use "feast", following Franz Boas and referring to similar occasions, such as potlatches, among native peoples of the Pacific Northwest. The present text will use "feast" which is now accepted as the more appropriate term for broader comparative and theoretical discussions. For more information on these feasts, see also the forthcoming volume "Worldviews and ritual practices of Coastal Koryaks (Nymylans), Lesnaya, Kamchatka" in the same series.

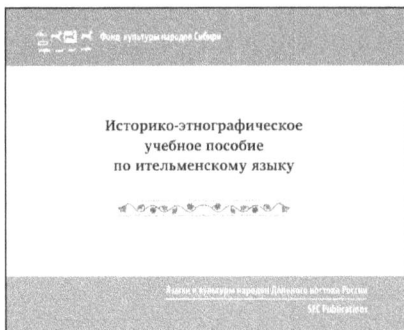

Халоймова К.Н., Дюрр, М., Кастен, Э., Лонгинов, С. (авторы)
Клуб «Камчадалы» с. Мильково (сбор материала мильковских камчадалов)

Историко-этнографическое учебное пособие по ительменскому языку [Historic-ethnographic teaching materials for the Itelmen language]

2012, Fürstenberg: Kulturstiftung Sibirien
164 pp., Euro 18, pb,
ISBN: 978-3-942883-10-8

Languages & Cultures of the Russian Far East – www.siberian-studies.org/publications/lc_R.html

Эрих Кастен, Михаэль Дюрр (составители)

Ительменские тексты
Itelmen texts

Ительменские тексты с переводами на русский и английский языки. Книга содержит документацию прежде всего воспоминаний о жизни в прошлом в ительменских селах на западном побережье Камчатки, также сказок и песен.

2015, Fürstenberg/Havel: Kulturstiftung Sibirien
114 pp., Euro 18, paperback,
ISBN: 978-3-942883-22-1

Languages and Cultures of the Russian Far East
www.siberian-studies.org/publications/lc_R.html

Халоймова, К.Н., Дюрр, М., Кастен Э. (ред.)

Ительменские сказки – собранные В.И. Иохельсоном в 1910-1911 гг.
[Itelmen tales, collected by V. I. Jochelson, 1910-1911, in Itelmen and Russian]

2014, Fürstenberg/Havel: Kulturstiftung Sibirien
207 pp., 5 colour photos
Euro 18; paperback
ISBN: 978-3-942883-19-1

Languages and Cultures of the Russian Far East
http://www.siberian-studies.org/publications/lc_R.html

Татьяна Булгакова

Камлания нанайских шаманов

2016, Fürstenberg/Havel: Kulturstiftung Sibirien
316 pp., Euro 28; paperback
ISBN: 978-3-942883-25-2

Languages and Cultures of the Russian Far East
http://www.siberian-studies.org/publications/lc_R.html

Сесилия Оде (составитель)

Акулина Иннокентьевна Стручкова
Разные рассказы
Юкагирским детям

Akulina Innokent'evna Struchkova
Various Tales
For theYukaghir Children

2016, Fürstenberg/Havel: Kulturstiftung Sibirien
92 pp., Euro 18; paperback
ISBN: 978-3-942883-27-6

Languages and Cultures of the Russian Far East
http://www.siberian-studies.org/publications/lc_R.html

Эрих Кастен, Раиса Авак (составители)

Духовная культура эвенов Быстринского района
EvenTales, Songs and Worldviews., Kamchatka, Bystrinski district

2014, Fürstenberg/Havel: Kulturstiftung Sibirien
200 pp.. Euro 18; paperback
ISBN: 978-3-942883-20-7

Languages and Cultures of the Russian Far East
http://www.siberian-studies.org/publications/lc_R.html